나의 발견

나의 발견

미래와 진로에 대한
불안을 내려놓고
나를 들여다보는 시간

김창남 기획

강일권 권용득 김대현 김언경 김의성
김종휘 변상욱 변정수 송은주 전명윤

봄의정원

세상에서 가장 먼 여행

이른바 밀레니엄 베이비 세대가 대학에 들어오기 시작했다. 그들에게 20세기는 단 한순간도 경험해보지 못한 '지난 세기'일 뿐이다. 생각해보면 아득한 일이다. 세상에 태어나고 성장하며 이런저런 곡절을 겪은 끝에 삶의 기본 토대와 방향이 형성되기까지를 고스란히 20세기에 경험한 나로서는 이 새로운 세기의 아이들을 어떻게 감당할지 난감할 때가 많다. 최근 몇 년간 강의실 안팎에서 학생들과 마주하며 갖게 된 내 목표는 새로운 젊은 세대와 적극적으로 소통하고 공감하는 게 아니다. 그건 이미 너무 어려운 일이라는 게 분명해졌다. 그래서 정한 것이 최소한 그들에게 꼰대 소리는 듣지 말자는 것이다. 마침 인터넷에서 '꼰대가 되지 않기 위한 일곱 가지 원칙'이란 글을 읽게 되었다.

첫 번째 원칙은 상대가 요청하지 않는 조언을 하지 말라는 것이다. 물어보지도 않았는데 나서서 조언한답시고 섣부른 소리를 하지 말라는 얘기다. 선생이라는 역할을 나름 열심히 하다 보면 흔히 빠지기 쉬운 함정이다. 나 역시 그렇다. 두 번째는, 지나온 나의 경험과 지금 그들의 상황을 비교하지 말라는 것이다. 내가 살아온 시대와 그들이 살아가는 시대는 너무나 다르다. 이 역시 우리 세대가 흔히 범하는 실수다. 전혀 다른 맥락에서 내가 가졌던 경험은 지금 이 세대의 문제를 해결하는 데 사실상 거의 도움이 되지 않는다. 섣부르게 도움을 주겠다고 나설 게 아니라 지금과 같은 세상을 만들어준 세대로서 반성하고 성찰하는 게 먼저다. 그걸 알고 있음에도 이들과 대화하다 보면 문득 나도 모르게 "우리 때는 말이야……" 하며 의도하지 않은 꼰대짓을 하게 된다. '꼰대가 되지 않기 위한 일곱 가지 원칙'을 한마디로 요약하면 '먼저 말하지 말고 그들의 이야기를 들어라'가 될 것 같다. 내 이야기를 하기 전에 먼저 조용히 입 다물고 젊은 세대의 이야기를 들으라는 것이다.

고故 신영복 선생은 '가장 먼 여행은 머리에서 가슴까지의 여행, 그리고 가슴에서 발까지의 여행'이라고 했다. 지식인의 삶을 살다 갑자기 감옥에 갇힌 신영복 선생은 그 속에서 자신과는 전혀 다른 삶을 살아온, 감옥이 아니라면 절대 만나지 못했을 많은 사람들을 만나게 된다. 처음에 신영복 선생은 이들과 거리를 두고 관찰하는 지식인의 시선에서 벗어나지 못했다. 하지만 그들과 함께 지내며 그들의 수많은 사연을 듣게 된 다음 비로소 그들을 이해하게 된다. 나도 그런 삶의 과정을 겪었다면 저들과 다름없는 처지에 있겠구나 하는 깨달음이다. 그들의 처지를 인정하고 받아들이게 되었다는 얘기다. 여기까지가 머리에서 가슴까지의 여행이다. 나와 다른 남의 존재를 인정하는 공존과 관용, 이른바 톨레랑스의 단계다. 이것도 쉽지 않은 일이지만 신영복 선생은 여기에서 한 걸음 더 나아가야 한다고 말한다. 단지 그들을 인정하고 관용하는 단계에서 나아가 그들의 손을 잡고 함께 변화해야 한다는 것이다. 변화와 창조의 길로 함께 가는 실천의 단계다. 이것이 가슴에서 발까지의 여행이다. 인식에서 실천으로, 공존에서 공감과 연대로 나아가는 과정이다.

꼰대의 태도란 결국 젊은 세대와 거리를 둔 채 여전한 나의 시선으로 그들을 분석하고 판단하는 데서 비롯된다. 꼰대가 되지 않기 위해 우선 할 일은 그들의 이야기를 듣는 것이다. 그들의 이야기를 듣는다는 것은 그들의 존재를 가슴으로 받아들이는 것이다. 머리에서 가슴까지의 여행이다. 그들의 손을 잡고 함께 연대의 실천으로 나아가는 것은 그다음의 일이다.

'매스컴특강'은 젊은 세대가 하고 싶어 하는 이야기를 간접적으로나마 들을 수 있는 자리다. 이 특강 시리즈에 초대된 강사들은, 학생들 입장에서 보면, 학교에서 만나는 교수들과는 전혀 다른 관계의 사람들이다. 일상적인 권력 관계에서 상대적으로 자유롭다는 의미다. 학생들은 강사의 이야기를 듣고 자유롭게 질문한다. 그 질의응답의 과정에서 학생들이 정말 하고 싶은 이야기, 듣고 싶은 이야기가 무엇인지 드러난다. 무엇보다도 내가 학생들의 이야기를 들을 수 있는 건 강연에 대한 감상문을 읽을 때다. '매스컴특강'에서 학생들은 한 학기 동안 열 분 정도의 외부 강사 강연을 듣게 된다. 단지 듣기만 하는 것이 아니다. 학생들은 강사에게 직접 연락해 일정을 잡고 인터뷰를 해야 한다. 그리고 강사를 소개하는 동영상을 제작해야 한다. 강연이 끝난 후에는 녹취한 강연 내용을 풀어 강연록을 작성해야 한다. 그리고 모든 강연에 대해 감상문을 제출해야 한다. 학생들이 쓴 감상문을 읽는 건 이 과목에서 내가 수행해야 하는 가장 큰 일이자 이 과목에서 갖는 가장 큰 보람이다.

감상문 가운데는 뻔하고 상투적인 글도 있지만 매우 신랄하고 정직한 글도 많다. 이런 글들을 읽다 보면 젊은 세대에 관해 내가 잘못 알고 있던 부분들, 놓치고 있던 부분이 무엇인지 새삼스레 알게 되곤 한다. 그들이 내 앞에서는 직접 하지 못하는, 하지만 정말 하고 싶었던 이야기가 무엇인지 간접적으로 느끼게 되는 것이다. 그런 의미에서 '매스컴특강' 강연 시리즈는 학생들뿐 아니라 내게도 좋은 배움의 기회인 셈이다.

이 책은 지난 2017년의 '매스컴특강' 강연 시리즈를 모은 것이다. 이런저런 사정으로 출판이 몹시 늦어졌다. 이 강연 시리즈에도 모두 열 분의 강사 분이 학생들과 진지하고 즐거운 대화를 했다.

강일권은 주로 힙합과 R&B 같은 흑인 음악을 전문적으로 다루는 비평가다. 어린 시절 우연한 기회에 흑인 음악에 빠져든 후 이른바 '덕후'로 살다가 마침내 거기서 자신의 길을 찾았다. 그의 이야기에는 취미 영역에 깊이 빠져들다가 그것이 결국 직업으로 연결된 과정이 진솔하게 담겨 있다. 힙합이라는 장르, 혹은 비평가라는 일에 관심을 가진 젊은이라면 귀담아들을 이야기가 한가득이다.

권용득은 만화가이자 에세이스트다. 만화와는 전혀 무관한 공대를 다니다 자퇴를 하고 한동안 만화과를 다니기도 했지만 결국 그만두고 순전히 자신의 방식으로 만화를 그리고 만화가가 되었다. 만화가가 된 후에는 글을 쓰기 시작했다. SNS에 틈틈이 짧은 글을 올리다 에세이집까지 내게 되었다. 이렇게 주어진 일을 하지 않고 끊임없이 '딴짓'을 하는 '해찰'이야말로 자신을 찾아가는 과정이었다고 그는 말한다.

김대현은 독립영화 감독이다. 그는 대학을 졸업한 후 영화과 대학원에 진학했다. 20대에는 겁 없이 나서서 서울국제독립영화제를 조직하기도 했다. 시나리오를 쓰고 엎어지고를 반복하면서 몇 편의 장편 극영화를 연출했지만 상업적 성공을 거두진 못했다. 뒤늦게 다큐멘터리에 눈을 돌려 〈다방의 푸른 꿈〉 같은 화제작을 만들었다. 그가 숱한 좌절에도 영화를 놓지 않을 수 있었던 건 시행착오를 두려워하지 않고 무엇이든 과감히 시작하고 실천했기 때문이다.

김언경은 민주언론시민연합(민언련) 사무처장이라는 직함을 가진 시민운동가다. 그는 직장을 다니고 육아를 하면서 인권 문제에 관한 모니터링 활동에 참여하는 열정적인 시민으로 살다가 민언련의 활동가가 되었다. 그는 언론이 바뀌지 않으면 우리 사회의 어떤 것도 제대로 바꿀 수 없다고 믿는다. 언론을 꼼꼼히 모니터링하고 비판해온 그의 이야기는 언론인이 되고자 하는 학생들에게 언론과 언론인의 바른 모습에 대해 고민할 수 있는 계기를 만들어주었다.

김의성은 스스로 중고 신인배우라 말한다. 그는 문화운

동판에서 연극을 하다 영화배우로 나서 한때 주목받았지만 어느 날 홀연히 스크린에서 사라졌다. 베트남에서 사업을 하며 갖은 시행착오를 겪은 끝에 다시 영화판으로 돌아왔고 요즘은 거의 모든 영화에서 얼굴을 볼 수 있는 대표적인 배우가 됐다. 그는 자신의 역정을 실패의 연속이라 말한다. 하지만 그 실패에서 늘 무언가를 배웠고, 그 덕분에 지금 중고 신인으로 여전히 성장하고 있다는 것이다.

김종휘는 이 강연 당시에는 성북문화재단 대표였지만 지금은 서울문화재단 대표다. 그는 한때 홍대 앞 인디 신에서 활동하던 기획자였다. 어려운 조건 속에서 인디 신을 살리기 위해 분투했던 경험이 지금 문화행정가로서 그의 활동을 뒷받침하는 자산이 되었다. 그는 돈과 성공이 모든 가치 판단의 기준이 되어버린 세태에서 자기 자신을 찾아가는 과정에 대해 이야기한다. 행복한 삶을 위해 필요한 건 돈이 아니라 자기 발견이며 자신에 대한 사랑임을 강조한다.

변상욱은 CBS 기자다. 그는 1987년 박종철 사건 당시 간부들의 압력에 굴하지 않고 스튜디오 문을 잠근 채 특집 방송을 내보냈던 전력이 있다. 그는 기술 발전으로 미디어 환경이 엄청나게 바뀌고 있는데도 언론은 여전히 눈앞의 이익과 권력에 집착하고 있다고 비판하며, 이를 언론이 스스로 자기 목을 조르는 상황이라 말한다. 그는 학생들의 다양한 질문에 대답하며 30년이 훌쩍 넘는 기자 생활에서 경험한 재미있고 의미 있는 에피소드를 들려주었다.

변정수는 책을 읽고 비평하고 책 만들기에 관해 강의하는 출판평론가다. 그는 '노느니 염불하는' 마음으로 출판에 관한 다양한 지식을 나누는 '사이버 잉여' 짓을 하다 그게 직업이 된 사람이다. 그는 사람은 누구나 조금씩은 소수자성을 갖고 있다고 말한다. 사람은 누구나 다르기 때문이다. 자기 안의 소수자성을 찾는 것이 독립된 개인으로 우뚝 서며 자기에게 맞는 삶을 찾기 위해 꼭 필요한 일이라는 것이다.

송은주는 문화마케팅 전문가이면서 다양한 사회현상을 분석하고 미래를 예측하는 일을 하는 미래학자이며 정책학자다. 그는 '내 속에 숨어 있는 스파이를 찾으라'고 말한다. 여기서 스파이란 '호기심'을 의미한다. 호기심을 가진 사람은 늘 새로운 아이디어, 새로운 가능성을 찾아다닌다. 호기심을 따라가다 보면 어느덧 나 자신만의 스토리가 만들어진다. 호기심은 일상 속에 파묻혀 잊고 살던 자신을 새롭게 발견하게 해준다.

전명윤은 여행작가다. 여행 에세이를 쓰는 작가가 아니라 실제 여행객들이 이용할 수 있는 실용적인 가이드북을 쓰는 작가다. 특히 최고의 인도 전문가로 널리 알려져 있다. 그의 별명은 '환타'인데, '(인도에 대한) 환상을 타파한다'는 의미다. 그는 자신이 인도를 여행하며 겪은 다양한 경험을 들려준다. 여행(지)에 대한 환상을 버리고 여행 속에서 자신만의 의미와 재미를 찾기 위해 필요한 게 무엇인지 얘기해준다.

'매스컴특강'의 결과물로 나온 책으로는 이 책이 열두 번째다. 책이 안 팔리는 시대라는 소리를 들은 지 오래되었다. 더군다나 여러 사람의 강연록을 모은 책이라면 잘 팔리는 걸 기대하기 어렵다는 게 대다수 출판 전문가의 판단이다. 지난 열한 권의 책을 통해 내가 얻은 경험도 대체로 그렇다. 그럼에도 선뜻 '매스컴특강'을 후원하고 책 출판까지 맡아주신 봄의정원에 감사드린다. 물론 바쁜 가운데 젊은 학생들을 위해 기꺼이 좋은 말씀을 나누어주신 여러 강사분들에게도 다시 한 번 고마움을 전하지 않을 수 없다.

김창남(성공회대학교 신문방송학과/문화대학원 교수)

| 차례 |

성공한 '덕후'가
되다

강일권_음악평론가

처음 흑인 음악을 접한 것은 중학교 1학년 때였다. 이전에도 서태지와 아이들, 듀스 등의 음악에 심취해 있었다. 당시 영국에 유학 중이던 중학교 동창의 형이 박스 하나를 보내왔다. 친구는 내가 음악을 좋아하는 것을 알고는 박스에서 카세트테이프 몇 개를 꺼내줬다. 그중에는 '보이즈 투맨Boyz II Men'의 1집도 있었다. 내게 흑인 음악의 매력을 일깨워준 테이프였다. 이후 흑인 음악을 계속 찾아들었다.

중학교 시절 내게는 별명이 두 개 있었다. '안산 돌주먹'과 '걸어 다니는 음악 벙커'다. 전자는 내가 직접 지은 것이고, 후자는 친구들이 지어준 것이었다. 당연히 '안산 돌주먹'은 영향력이 없었지만, '걸어 다니는 음악 벙커'는 달랐다.

음악에 길을 내다

I

흡사 영화 〈말죽거리 잔혹사〉에서처럼 쉬는 시간이면 뒷문을 열고 다른 반 '(음악) 짱'들이 들어와 음악에 대해 배틀을 벌였다. 대단한 배틀은 아니었다. 아티스트의 이름을 대면 그의 대표곡을 계속 말하는 것이었다. 지금 생각하면 유치하지만 그때는 진지했다. 음악을 듣는 사람들에게는 자존심이 걸린 문제였다. 난 이 분야에서 최고였다.

그러던 어느 날 굉장히 친한 친구가 "지금 미국에서 빌보드 1위 곡인데 진짜 이상해. 멜로디가 없어"라고 말했다. 1992년 당시 나는 팝과 관련된 음악 방송을 보고 들었다. 〈배철수의 음악캠프〉같은 공중파 음악방송을 통해 음악 지식을 쌓았다. 특히 〈배철수의 음악캠프〉는 토요일마다 빌보드 차트를 방송해주었다. 그걸 녹음해서 듣고 다녔던 것이다. 그러다가 내가 한 주를 못 들었는데, 그 주에 친구가 그 음악을 들었던 것이다. 친구는 멜로디가 없는 곡이 1위를 하고 있는데 그 곡이 뭔지 아냐고 물었다. 도무지 알수 없었다. 서태지와 아이들, 듀스 덕분에 이미 한국에도 랩, 힙합이라는 장르가 들어와 있었지만, 당시에 멜로디가 없는 노래는 상상조차 할 수 없었다. 무엇보다 나름 학교에서 대중음악에 대해 가장 많이 알고 있는 사람이라 자부하는 내 레이더망에 걸리지 않은 것을 믿을 수 없었던 것이다. 그날, 말도 안 되는 소리 하지 말라며 그 친구와 크게 다툰 것이 기억난다.

당시 빌보드 차트 코너에선 20위 내로만 소개해주고 순위권 밖의 노래들은 일부만 틀어주었다. '핫샷 데뷔'라는게 있었는데 갑자기 뜨는 음악을 소개하는 것이었다. 그런데 그 곡이 20위권 밖에 있다가 1위로 급상승한 것이었다. 그게 바로 크리스 크로스의 〈점프〉라는 곡이다. 크리스 크로스를 들어본 적이 있는가? 지금 한국에선 10대 래퍼를

'고딩 래퍼'라고 한다. 그런데 이 듀오가 10대 래퍼의 원조 격이다. 하여튼 이 세상에 그런 음악이 있을 리가 없다며 다툰 그 친구에게 난 증거를 가져오라고 했다. 그러자 친구가 1주일만 기다리라고 했다. 그리고 1주일 뒤에 〈배철수의 음악캠프〉를 들었는데, 정말로 멜로디 없는 노래가 1위를 하고 있었다. 랩만 있는 음악이 있다는 것만으로도 신기한데 1위를 했다는 것이 엄청난 충격이었다. 그 후에 친구에게 사과를 했고 노래를 찾아 듣기 시작했다. 그때만 해도 나는 랩이나 힙합에 전혀 매력을 느끼지 못했다. 그 일 이후에 계속해서 팝 음악을 찾아 듣다 보니까 히트한 랩과 힙합 음악이 점점 많이 나오기 시작했고, 닥터 드레와 스눕 독의 음악을 계기로 빠져들기 시작했다. 중학교 2학년 때부터다.

그땐 록 음악 광신도가 많았던 시기라 그들과 참 많이 싸웠다. 특히 음악 좀 듣는다는 친구들은 록 음악 외에는 굉장히 무시하는 경향이 심했다. 나보다 순수하고 순진하게 생긴 친구가 있었는데, 쉬는 시간만 되면 내 앞에 앉아 나를 지그시 쳐다보고 이렇게 얘기했다. "힙합은 쓰레기야." 당시 록 음악을 듣던 대부분이 그렇게 얘기했다. 실제로 미국에서도 많은 매체가 랩 음악을 인정하지 않았다. 일부 보수적 평론가들은 '많이 가봐야 10년이다. 10년 뒤에는 멜로디가 없는 음악이기 때문에 금방 질려버릴 거다'라고 했다. 록 음악을 좋아하는 그 친구는 하루에 한 번씩 꼭 "힙합은 쓰레기야!"를 외쳤다. 시간이 지나고 졸업하기 전쯤 그가 말했다. "넌 너무 끈질긴 것 같아. 왜 인정을 하지 않아? 힙합이 록 음악보다 한 수 아래라는 걸 인정해. 넌 속으로는 인정하고 있지만, 겉으로는 인정하지 않고 있어." 연이은 도발에 귀찮고 피곤해진 나는 "그래 맞아, 쓰레기까지는 모르지만 록보다 한 수 아래인 건 맞는 것 같다"라고 했다. 그 친구는 대답을 듣고 굉장히 만족스러워했다. 우리는 악수를 나눴고 고등학교까지 친하게 지냈다. 그때 이후로 인간관계를 맺는 데 나름의 기준이 생겼다. '록을 좋아하느냐, 안 좋아하느냐.' 물론, 농담이다.

그런 시간을 겪고 고등학교에 진학했다. 내가 제일 좋아하는 선생님은 들어오자마자 칠판에 필기를 하는 부류였다. 선생님이 필기를 시작하면 나는 노트에 아티스트들의 앨범, 플레이 리스트, 이름 등을 적어댔다. 그러다가 고등학교 3학년 때 담임선생님 시간에 필기를 하다가 타이밍을 잘못 맞춰서 걸렸다. 그래서 많이 맞았다. 그날, 맞으면서 처음으로 담임선생님이 내게 관심이 있다는 사실을 몸소 느꼈다. 그런데 선생님이 미안했는지 내 노트를 보고 말을 건넸다.

"이게 뭐냐?"

"팝 음악가들, 뭐 그런 것들을 적은 건데요."

"왜 하루 종일 적고 있냐?"

"저도 모르겠어요. 수업이 싫어서라기보다는 이게 좋아서 적었습니다."

그때 선생님이 어떤 아티스트의 몇 번 앨범, 몇 번 트랙을 아느냐고 물어봤다. 나는 바로 답했다. 이후 내가 들은 얘기는 "너, 머리 나쁘지 않아. 암기 과목을 열심히 하면 될 것 같아"였다. 나도 내가 굉장히 똑똑한 줄 알았다. 하지만 그건 사실이 아니었다. 내 머릿속에 유일하게 잘 들어갔던 건 음악 관련 얘기였다. 내가 봐도 신기할 정도였다. 하수들의 대화는 "야, 서태지 앨범에서 그거 들어봤냐?", "응, 들어봤지. 좋지?"에서 끝난다. 음악에 대해 나와 같은 경지에 오르려면 몇 번 앨범의 3번 트랙을 아냐고 물었을 때 몇 초 만에 대답이 나와야 했다.

나는 방송부였다. 그래서 선곡을 할 때는 힙합 음악을 많이 틀었다. 그러던 어느 날, 스눕 독의 음악을 선곡했는데, 한 친구가 찾아와 스눕 독의 음악을 튼 사람이 너냐고 물었다. 그 친구는 고등학생인데도 나이트클럽에서 DJ를 하고 있다. 내가 스눕 독을 알고 있다는 사실이 무척 신기했던 것이다.

얼굴과 소문만 알던 그 친구와 이 얘기 저 얘길 나눴다. 그런데 알고 보니 이 친구는 나이트클럽 DJ를 하면서 굉장히 파란만장하게 살고 있었다. 한창 스눕 독에 대해 얘기하다가, 그가 LP를 한 장 보여줬다. 스눕 독 싱글이었다. 지금은 별거 아니지만, 당시에는 싱글 LP를 가지고 있다는 것이 굉장한 일이었다. 합법적으로는 미국에서 직수입하는 수밖에 없었기 때문이다. 그런데 그 싱글에는 우리가 접하지 못한 리믹스들이 들어 있었다. 나는 굉장히 놀라서 수업이 끝난 뒤에 한 시간 정도 얘기를 나눴다. 당시에는 힙합에 관해 이야기를 나눌 사람이 없었기 때문이다. 그렇지만 한 시간 이상 이야기가 이어지진 못했다. 그 친구는 아는 것이 많지 않았고, 그래서 얘깃거리도 별로 없었기 때문이다. 한 시간 정도 대화 끝에 헤어졌던 기억이 난다.

그때만 해도 난 음악 쪽으로 나갈 생각이 없었다. 당시는 하이텔, 나우누리, 유니텔 등 PC통신 시대였다. 지금 한국에서 활동하는 대다수의 래퍼가 사실은, 조금 농담을 보태면, 커뮤니티 활동을 하던 키보드 워리어였다. 그때 커뮤니티에서 활동하던 사람들이 주기적으로 모임을 가졌다. 단순하게 음악에 대해서만 이야기한 것이 아니라 실제로 랩을 창작하기도 했다. 그 당시에는 '내가 래퍼를 해야겠다'는 생각은 없었다. 그냥 랩을 좋아해서 얘기할 뿐이었다. 거기에 모인 모두가 힙합 마니아이자 MC였다. 물론 실제 퍼포먼스는 개판이었다. 우리끼리 그냥 자위하고 노는 것에 지나지 않았다. '너의 래퍼명은 뭐냐.' 'MC스워드다.' 그렇게 서로서로 래퍼명을 지어주면서 노는 것이 유행이었다. 내게 래퍼 이름을 지어달라는 사람도 있었다. 그래서 칼날 같은 혀라는 의미로 '블레이드 텅'을 추천했던 게 생각난다.

참 철없는 생각이지만, 한때는 흑인으로 태어나고 싶었다. 음색을 비롯한 그들의 음악적인 재능이 경이로웠기 때문이다. 하지만 그때는 몰랐다. 그들이 얼마나 힘든 상황에서 이런 음악을 만들었는지. 어쨌든 난 한국에서 창작자, 더 구체적으론 래퍼가 되고 싶은 생각이 없었다. 그냥 게시판에서 아는 척하는 게 좋았다. 그러면서 이런 생각이 들었다. '무슨 일을 해도 상관없겠다. 이런 취미 생활을 유지할 수 있다면, 직업이 무엇이든 상관없겠다.' 물론 그 기저엔 별 볼 일 없는 학점과 특색 없이 무난한 성격이 있었다. 그러니까 가늘고 길게 가자는 게 내 신조였다. 그렇기 때문에 특별히 하고 싶은 일도 없었다.

가세가 굉장히 기운 상태였기 때문에 뭔가를 하긴 해야 했다. 안산에 살았는데 공단이 많았다. 그래서 음악 듣는 시간을 확보하기 위해서 무조건 평일에는 내 시간을 갖고 방학 때, 혹은 연휴 때 공단에 가서 일했다. 학비뿐만 아니라 음악을 듣고 음반을 사기 위해 정말 타이트하게 일했다. 공단에서 여러 사람이 열심히 일하고 작은 것들에 행복해하는 모습을 보면서 여러모로 느끼는 바도 많았다. 그러면서 음악을 들을 수 있으면 무슨 일을 해도 상관없겠다는 생각이 더욱 굳어졌다.

음악 소년, 장르 전문 평론가가 되다

나우누리에 '돕사운즈'라는 힙합 모임이 있었다. 한동안 열심히 활동하던 곳인데, 군대에 간 사이에 창작을 위주로 하는 에스엔피와 분리가 됐다. 실제로 지금 활동하는 래퍼 중엔 에스엔피 출신이 꽤 많다. 나는 분열된 돕사운즈 대신 마음을 둘 다른 곳을 찾았다. 그러다가 발견한 곳이 바로 '리드머'였다. 사이트를 만들고 운영하던 '봉구'는 나와 동갑내기였다. 한동안 게시판에서 음악 지식을 뽐내며 지냈다. 그러던 어느 날 봉구가 필진 합류를 권유해왔다.

거절할 이유가 없었다. 필진으로 들어갔다. 그때까지만 해도 리드머는 아마추어 모임이었지만, 한국의 평론계는 흑인 음악에 대한 정보가 부족하니 그 구멍을 메우자는 생각이었다. 초창기에 평론은 정보를 제공하는 것만으로도 가치가 높았으나 시대는 달라졌기 때문이다.

그렇게 20대 후반에 접어들 무렵, 한국에서 힙합과 일렉트로닉 콘텐츠 바람이 불었다. 당시 멜론을 비롯한 몇몇 음악 사이트에서 경쟁적으로 음악 웹진을 만들었다. 그러니까 단순히 음악만 서비스하는 것이 아니고 그 음악과 관련된 콘텐츠를 서비스하는 열풍이 불었던 것이다. 그때 사이트가 여러 개 생겨났다. 당시 한 신생 음악 사이트에서 힙합과 일렉트로닉 콘텐츠를 만들고 싶다며 리드머에 접촉해왔다. 대표는 음악 쪽과 관련 없는 이였다. 그는 일렉트로닉과 힙합이 유행하는 듯하니 그냥 관심을 가졌던 것이다.

우린 꽤 큰돈을 받고 콘텐츠 계약을 맺었고, 그때부터 본격적으로 직업 삼아 일을 하기 시작했다. 어떻게 보면 나는 아주 자연스럽게 이 분야로 들어온 셈이다. 사실 평론가가 되어야겠다는 생각을 한 적은 별로 없었다. 평론가가 되고 나서야 평론이란 것에 눈을 떴다. 그때 우리는 다양한 것을 섭렵하기보다 뭔가 하나에 미쳐서 집요하게 파보기로 했다.

요즘 음악 산업 관계자들을 포함하여 많은 사람들이 '다양하게 익혀라. 다양하게 봐라'라는 말을 한다. 그런데 정말 다양한 분야를 파는 게 더 좋을까? 아니면 자기의 전공 분야 하나를 파는 게 유리할까? 나는 후자를 권한다. 다양한 장르, 다양한 분야에서 전문가의 식견을 갖는 것은 오늘날 불가능하기 때문이다. 예전엔 각 분야의 대표적인 것들만 알아도 전문가 행세를 할 수 있었지만, 지금은 일반인들도 매우 쉽게 많은 정보를 찾아볼 수 있다. 전문가들보다 훨씬 빠르게 정보를 찾아내는 일반 음악 팬이나 마니아가 많기 때문에 다양한 분야를 섭렵하다가는 오히려 전문가로서 망신을 당하는 경우가 생긴다. 그렇기 때문에 하나만 제대로 파는 것이 더 낫다고 생각한다.

그런데 하나만 판다고 외골수로 파느냐? 그렇지 않다. 예를 들어 힙합 하나를 파기 위해 힙합을 계속 듣다 보면 장르 퓨전이 일어나는 것을 볼 수 있다. 요즘 들어봐도 알겠지만, 1990년대 힙합과 2000년대 힙합은 완전히 다르다. R&B도 마찬가지다. 지금은 일렉트로닉, 록 등 모든 것이 섞이면서 음악이 전개되고 있다. 따라서 힙합을 알려면 결국 일렉트로닉 음악도 들어야 되고 내게 쓰레기라는 오명을 안겨줬던 록도 들어야 한다. 하나를 판다는 것은 하나의 중심을 가지고 그로부터 파생된 것들을 쌓는다는 것이지, 하나만 한다는 것은 아니다. 다양한 분야를 판다는 것 또한 존중하지만 이제는 오히려 하나의 전문적인 영역을 파는 전문가 또는 미디어가 좀 더 많아져야 정상이 아닌가 생각한다. 세계 대중음악의 흐름을 이끌고 있는 미국을 보면 몇몇 매체가 다양한 것을 다루지만 힙합, 록, 일렉트로닉, R&B 등 장르마다 전문 매체가 따로 존재한다. 각 매체의 영향력에는 차이가 있지만. 그리고 다양한 음악과 장르를 다루는 매체들이 특정 장르를 전문으로 하는 기자나 집필진이 따로 있다. 한 장르에서만도 결과물이 엄청나게 쏟아지기 때문이다.

그런데 한국은 좀 다르다. 한국은 장르적으로 외국처럼 세분화되어 있지 않고 거기에 따른 신scene들도 유럽이나 미국만큼 평탄하지 않다. 좁은 구도 안에서 경쟁도 심하다. 그렇다 보니 전문 매체가 살아남고 전문 평론가가 활동할 수 있는 여건이 좋지 않다. 실제로 음악평론 자체가 '죽었다'는 말을 많이 한다.

이는 영화평론 쪽에서도 심심치 않게 나오는 얘기다. 하지만 난 좀 다르게 본다. 물론 영화평론가의 현실도 만만치 않을 것이다. 그래도 영화평론은 아직 힘이 남아 있는 상태다. 영화 감상이라는 최상위 쾌감을 느끼려면 돈을 들여 극장에 가야 하기 때문에 선택에 참고할 만한 의견들이 필요하다. 반면 음악은 토렌트나 웹하드 사이트 등에서 손쉽게 불법 다운받을 수 있다. 물론 이는 영화계에서도 빈번히 일어나는 일이다. 그러나 큰 화면과 사운드를 비롯한 기술적인 측면이 가정에서의 감상 환경을 압도하는 영화와 음악은 다를 수밖에 없다.

심지어 음악 커뮤니티를 표방하는 곳에서 떡하니 다운로드 게시판을 운영하기도 한다. 그리고 게시판에 '고맙다'는 인사와 '이 앨범 원하는 분들 메일 주세요'라는 글을 버젓이 올린다. 그러니까 이제 음악은 전문가의 평에 의해서 소비가 좌우되는 시기가 지난 것이다. 1990년대에는 기본적으로 그 음악을 들으려면 음반을 사야 했다. 라디오에서 자주 듣는 한 곡 때문에 앨범을 사려면, 이게 좋은지 아닌지 알아야 하니까 당연히 평을 참고할 수밖에 없었다. 그만큼 정보가 중요했고 평론의 힘도 강했다. 하지만 이제는 그렇지 않다.

앞서 말했듯이 다양한 것을 섭렵하기 이전에 자기의 전문 분야를 제대로 파는 것이 중요하다. 다양한 분야를 조금씩 아는 사람은 많지만, 하나의 분야에 대해서 스스로 자부할 정도인 사람은 많지 않다. 그럼에도 분명히 감수해야 할 부분은 내가 선택한 분야가 언제 돈이 될지 모른다는 것이다. 나도 음악평론가로 먹고산 지가 얼마 되지 않았다. 내가 선택한 분야가 무엇이냐에 따라 먹고살게 되기까지 굉장히 오래 걸릴 수도 있다. 어쩌면 아예 그런 날이 오지 않을 수도 있다. 가끔씩 평론가가 되고 싶다는 이들이나 방송 쪽으로 나가고 싶다는 이들을 만나면 이 얘기를 꼭 해준다. 적어도 3년간 해보고 영 아니다 싶으면 그때는 바로 결정을 내리라고. 이것을 하느냐 마느냐, 혹은 이것을 지키기 위해 다른 일을 구하느냐 마느냐. 결국은 생계 문제를 생각해야 된다는 것이다.

돈 좀 벌고 싶다고?

|

나는 물에 물 탄 듯 술에 술 탄 듯 음악평론가 쪽으로 넘어왔다. 그런데 당시까지만 해도 나나 리드머가 평론을 하고 있다는 의식은 없었다. 다만 우리가 아는 것들을 공유하고 자유롭게 비판하는 작업을 했을 뿐이다. 그 당시만 해도 우리는 뮤지션을 되게 많이 챙겼다. 랩퍼들은 '원 러브, 우린 하나, 우리가 뭉쳐서 뭔가 하나를 이루어내자'라고 노래했다. 그때는 이런 생각들이 팽배해 있었다. 우리도 마찬가지였다. 사실 처음엔 좋았다. 힙합 신이 조금씩 올라올 때는 서로서로 도와가면서 좋은 영향을 받았는데 어느새 창작자가 많아지고, 팬도 늘어나다 보니 다양한 의견이 충돌했다. 당연히 하나가 될 수 없었다. 흔히 셋만 모여도 싸운다는 얘기가 있듯이 하나가 되기란 정말 힘든 일이다. 그리고 하나가 되는 것이 반드시 좋은 것도 아니다. 어쨌든 그렇게 분열될 때도 있었지만 힙합 신에서는 오랫동안 꾸준

히 '하나'를 얘기했다. 결국 공생해야 하니까.

그런데 어느 순간(지금부터 하는 얘기는 옳고 그름을 따지거나 타인의 음악 취향을 무시하는 것이 아니라 평론가로서 말하는 것이다) 랩발라드라는 장르가 나오더니 왜곡된 발언을 하는 평론가들이 등장했다. 그때부터 우리 같은 평론가가 아티스트나 창작자들과 같이 생각하는 것이 맞는가 하는 의문이 들기 시작했다.

평론은 외압에 휘둘려선 안 되고 비판을 두려워해서도 안 된다. 또한 평론하는 사람은 창작자들에게 필연적으로 반감을 살 수밖에 없다. 왜냐면 창작자들은 콘텐츠의 질을 떠나 그 콘텐츠를 만들어내기까지 인고의 세월을 거쳤을 테니까. 반면 평론가는 콘텐츠가 나오면 짧게는 하루, 길게는 며칠 정도 들어본 다음 가타부타 평가해버린다. 당연히 창작자는 열을 받지 않을까? 하지만 평론은 결국 과정보다 결과를 더 중시하는 작업이다. 작품이 나오면, 그 가치를 따지고 다른 작품과의 우열을 가려서 평가하는 것이다. 어떤 사람들은 어떻게 예술 작품의 우열을 따지느냐고 말한다. 평론 자체를 부정하는 것은 이해하지만, 평론이 어떻게 우열을 매길 수가 있느냐는 이야기에는 동감하지 않는다. 앞서 말했듯이 평론은 결국 가치를 매기는 것 그 이상도 이하도 아니기 때문이다. '평론은 주관이 들어가므로 신뢰할 수 없다. 그래서 평론은 객관적이어야 한다'는 말도 잘못됐다고 생각한다. 한 사람에게 요구하는 객관은 허상에 가깝고, 무엇보다 평론은 지극히 주관적인 작업이기 때문이다.

특히 나는 객관과 중도를 항상 앞세우는 사람들을 아주 싫어한다. 그들 대부분이 실제로는 말만 앞세우는 경우가 많기 때문이다. 객관적이란 말은 공허한 판타지 같다. 온전히 객관적이라는 것이 과연 있을까? 사람들은 무엇에 대해서든 의견이 조금씩 다를 수밖에 없다. 그중 대다수가 동의하는 것을 객관적이라고 얘기하지만, 사실 그것도 엄밀히 따지면 하나하나의 주관이 모인 것이다. 결국 누구 한 명이 객관적일 순 없다는 소리다.

평론도 마찬가지다. 평론가는 여기저기 휘둘리지 않고 작품을 평가해야 한다. 그래서 〈쇼 미 더 머니〉라는 프로그램이 한국 힙합을 집어삼켰을 때, 나는 부정적인 의견을 표했다.

그런데 대다수는 과정이 어떻든 간에 돈을 많이 벌고 많이 알려지면 그게 최고라고 말한다. 왜냐고? 여기에 생계 문제가 결부되어 있기 때문이다. 그러니까 〈쇼 미 더 머니〉와 같은 프로그램에 나가서 망가지더라도 먹고살아야 한다든가 많이 알려져야겠다는 식의 말을 많이 한다. 하지만 여기에 창작자의 먹고사는 문제를 결부시키는 것은 굉장히 위험한 일이다.

팬들이 아티스트의 생계를 걱정하는 것은 당연하다. 나도 힙합을 한창 좋아할 때는 미국 래퍼가 총을 맞았다거나 (미국에는 그런 경우가 많았다) 래퍼들이 계약을 잘못했다는 이야기를 들으면 당연히 안타까웠다.

아티스트의 생계 때문에 작품의 질적 저하를 용인하는 풍토가 생겨버린다면 굉장히 위험하다. 힙합 신이 특히 그렇다. 개개인이 좋아하는 래퍼를 걱정하는 건 굉장히 훈훈한 얘기다. 그러나 음악의 질과 상관없이 '잘 먹고 잘살면 되지. 뭐 그런 것을 비판하느냐'는 논리가 팽배해지는 건 문제다.

음악성이 별로 없는 래퍼들이 예능 프로그램에 나와(별로라는 것은 내 기준일 수도 있고 다수의 기준일 수도 있다) '나와 가족을 위해 음악성과 타협했다'는 식의 얘기를 한다. 아티스트가 구린 음악에 대한 평계로 생계 문제를 들이미는 경우가 이토록 흔한 대중문화 신도 없다. 차라리 솔직하게 '돈 좀 벌고 싶다'라고 하는 것까지는 이해할 수 있다. 그런데 효도를 하기 위해, 또는 가족을 위해 어쩔 수 없었다는 발언은 굉장히 위험하고 비겁한 것이다. 세계 어느 나라의 아티스트들을 봐도 돈을 벌기 위해 범죄를 저질렀다는 말은 해도 음악을 구리게 했다는 얘기는 하지 않는다.

아티스트가 직업이라는 사람이 가족이나 다른 것을 위해 음악의 질적 저하와 타협한다면, 그와 반대로 타협하지 않고 양질의 음악을 만들어내기 위해 노력하는 가난한 아티스트들은 부모님께 불효를 하는 것인가?

이제 소신을 지키는 아티스트들이 '왜 저런 대규모 프로그램에 안 나가?'라는 식의 부추김을 받거나 대중의 관심에서 멀어지는 현상이 벌어지고 있다. 상황이 아주 희한하게 돌아가고 있는 것이다. 평론가들은 화날 수밖에 없다. 그래서 평론가들이 이런 행태를 바로잡고자 한다면 아티스트들의 생계 문제를 제외하고 신을 바라보아야 한다. 즉 순전히 결과물과 실력, 그리고 행보만 보고 평가해야 하는 것이다. 그러지 않고 아티스트의 인성이나 생계를 평론에 결부시키는 순간, 그것은 음악에 대한 제대로 된 평가가 아니다.

이런 부정적 풍토의 1차적 책임은 미디어에 있다. 유독 한국에서는 미디어, 특히 TV 방송의 영향력이 크다. 미국의 경우 음악 쪽만 보자면 라디오의 영향이 매우 크다. 그래서 대중 친화적인 노래에는 '라디오 프렌들리Radio Friendly'라는 표현을 많이 붙인다. 한국의 경우 음악은 예능이나 OST 영역에서 많이 소비된다. 그만큼 대중이 접할 창구가 적은 것이다.

아티스트나 음악 관계자들은 한국의 음악 시장이 악화

된 것에 대해 대중 탓을 하는 경우가 많다. 대중이 우매해서 음악을 진짜 안 듣는다면서. 그러면 미국 사람들은 음악을 더 깊이 들을까? 오히려 미국의 마니아들이 한국의 마니아에게 놀란다. 어떻게 그 나이에 이런 음악을 듣느냐고. 내가 보기에 미국인들은 자연스럽게 음악을 접할 창구가 많을 뿐이다.

예컨대 불법 다운로드의 역사는 미국이 최고다. 1990년 대만 해도 앨범을 발매하기 전, 창고에 쌓아놓으면 창고 뒷문을 따고 불법으로 뿌려버렸다. 불법 다운로드는 인터넷 시대에 더욱 활개치기 시작했다. 팝 음악은 대부분 앨범 발매 2주 전 또는 한 달 전에 불법으로 풀린다. 앨범을 녹음한 스튜디오의 엔지니어들이 뒷돈을 받고 푼다는 가설이 있을 정도로 음원이 빨리 풀린다.

그런데 미국 아티스트들의 대처법이 인상적이다. '그래, 어차피 불법으로 풀릴 텐데 그냥 풀어줄게.' 이런 식으로 공짜로 발표하는 사람이 많다. 특히 래퍼들의 경우 그렇다. 이런 일이 가능한 것은 다른 식의 수익 창출이 가능하기 때문이다. 자신과 자신의 음악을 노출하고 홍보할 창구도 많고. 더불어 미국의 아티스트들은 전 세계의 팬들을 상대로 장사를 하기 때문에 그런 일이 가능하다. 나는 한국의 대중이 특별히 나쁘다고 생각하지 않는다. 환경의 차이도 무시

할 수 없기 때문이다.

한국에서도 1990년대에는 여러 장르가 많이 나왔다. 미디어에서 여러 장르를 다룬 덕분이다. 오히려 지금보다 장르의 획일화가 덜했다. 지금은 노출 자체가 별로 없고 일방적으로 시청자들한테만 주입하다 보니 당연히 들을 수 있는 창도 없다. 즉 듣는 스펙트럼이 좁아질 수밖에 없는 것이다. 물론 대중들도 능동적으로 음악을 듣는 노력을 해야한다. 이른바 굿다운로드를 하고 실시간 톱100 말고 다른 음악들을 찾아 듣고…… 그러면 좋겠지만 그것은 이상적인 얘기일 뿐이다. 결국 미디어가 얼마나 다양한 장르를 노출시키느냐, 전문가들이 얼마나 음악적 식견을 가지고 있느냐 하는 문제다(나는 이 부분에서 한국이 굉장히 뒤떨어져 있다고 생각한다).

애정과 지식이 먼저다

I

〈쇼 미 더 머니〉를 할 때마다 기자한테 '힙합의 대중화에 대해서 어떻게 생각하십니까?'라는 질문을 받는다. '좋은 점에 대해선 칭찬을 하고 부정적인 점에 대해선 비판을 해야 한다고 생각한다'라고 말하면 기자들은 한국 힙합의 대중화에 이바지한 프로그램인데 어느 정도 자극적인 것은 허용해야 하지 않느냐, 방송에는 예능적 요소가 필연적으로 들어가야 하지 않느냐고 반문한다. 한국 미디어만 힙합의 대중화를 위해 자극적인 요소를 생각하는 걸까? 그렇다면 대중문화가 발달한 다른 나라들은 엔터테인먼트적인 요소를 생각하지 않는 걸까? 그렇지 않다. 미국의 미디어는 한국의 미디어보다 힙합을 훨씬 더 자극적으로 다룬다. 또한 엔터테인먼트에는 당연히 자극적인 요소가 들어가야 하고, 그건 제작진의 역량이기도 하다.

다른 점이 있다면, 그들은 음악과 문화의 근간을 건드리지 않는다는 것이다. 예를 들면 이런 것이다. '힙합은 파티 음악에서 탄생한 것이고, 디스는 힙합 문화에서 많이 벌어지긴 하지만 힙합의 한 요소는 아니다.' 이런 식의 근간이 존재한다. 이런 것들은 오랫동안 구축된 힙합의 근간이기 때문에 건드리지 않는다. 그리고 그 위에 자극적인 것들을 얹는다. 그런데 한국의 미디어는 자극적인 요소를 힙합의 원류로 둔갑시켜버린다. 실제로 모 방송국 제작진의 경우 프로그램이 너무나 자극적이고 사회적 약자 혐오적이라는 비판에 원래 힙합은 저항적이고 공격적이라고 항변한 적이 있다. 나는 이러한 지점에 대해서 굉장히 잘못됐다고 생각한다. 적어도 어떤 문화와 장르의 대중화를 원한다면 누구보다 애정을 갖고 누구보다 전문가가 되어야 한다. 하지만 한국의 제작진들 중에는 전문 지식이나 책임감이 있는 사람이 거의 없다. 그렇게 전문 지식이 없는 무지한 상황에서 어떻게 힙합을 대중화시키겠다는 것인지. 현재 한국의 음악 미디어들은 굉장히 무책임하고 게으른 행보를 하고 있다.

나는 실제로 SNS에서도 주야장천 한국의 미디어를 깎아내리고 있다. 내가 그렇게 유명하지 않아서 크게 문제가 되지는 않지만 말이다. 물론 내 말이 다 정답은 아니다. 모두가 전문가일 필요는 없다. 하지만 최소한의 근간이 되는 것들은 건드리지 않아야 한다. 특히 특정 프로그램이 대중화를 말하는 건 어불성설이다. 특정 미디어 하나, 특정 아티스트 한 명이 대중화를 이룰 수 있는 것은 아니기 때문이다. 자연스럽게 흘러가는 것이다. 실제로 대다수의 음악 장르는 결국 그것이 기획된 것이든 아티스트의 능력이든 여러 결과물이 나오고 미디어에 노출되고 대중이 호응하는 일련의 자연스러운 흐름 속에서 흥망이 결정됐다.

그래서 미국을 제외한 다른 나라들의 음악계를 살펴보면 여러 장르가 골고루 메인스트림을 장악하는 경우가 별로 없다. 특히 힙합만 해도 어느 나라에서 힙합이 이렇게 메인스트림을 장악하고 있을까.

독일과 프랑스의 경우 미국에서 힙합이 태동할 때부터

거의 같이해왔다. 특히 프랑스의 경우 블랙 커뮤니티가 존재하고 독일도 빈민가가 존재한다. 실제로 미국과 비슷한 인종차별의 역사가 있었기 때문에 독일과 프랑스의 경우 미국의 갱스터 랩처럼 갱단 출신 래퍼들도 나온다. 빈민가와 갱의 슬랭으로만 이루어진 랩들이 자생적으로 생겨나는 것을 보면, 분명 독일과 프랑스는 랩 강국이다. 하지만 한국이나 미국처럼 메인스트림 차트 자체를 독식하다시피 인기를 얻지는 못했다. 일본도 마찬가지다. 일본 역시 힙합이 메인스트림을 지배한 적은 별로 없다. 이렇듯 자국의 힙합이 메인스트림에서 폭발적인 인기를 얻는 나라는 정말 드물다.

한국의 경우 미국의 음악을 그대로 흡수해서 지금 미국에서 유행하는 음악 스타일을 가장 빠르게 구현해내고 있다. 물론 이런 과정에서 법적으로 소송이 걸리지 않아서 표절이라고 말할 수는 없지만 표절의 범주에 속하는 음악도 많이 생성되고 있다.

이런 상황에서 '특정 미디어가 대중화를 견인'하는 것은 굉장히 위험하다. 기자들은 평론을 해줄 평론가가 아니라 자신들이 원하는 이야기를 해줄 평론가들과 인터뷰한다. 예를 들어 내가 한 시즌에 열 개의 멘트를 한다면 그중 두세 개만 나간다. 비판적인 내용을 거세하기 때문이다. 기자들도 이런 문제에 대한 의식이 없는 상태에서 그냥 인기가 있으니까 기사를 쓰는 것이다. 나는 이런 미디어들이 적어도 전문가급은 아니더라도 특정 장르나 주제에 대해 이해를 하고 최소한의 근간은 지켜야 한다고 생각한다. 그렇게 근간을 지키는 미디어의 반대편에서 평론, 비평 활동이 꾸준히 이어져야 한다. 평론은 언제든지 사라질 수 있지만 미디어는 사라지지 않을 것이다. 왜냐면 미디어가 가장 먼저 모든 것을 전파하는 가장 중요한 역할을 하고 있고 많은 이들이 필요로 하기 때문이다. 이에 반해 평론은 필요로 하는 사람이 있는가 하면, 필요로 하지 않는 사람도 많다. 사실 영화를 볼 때도 별점만 보지, 영화평론을 읽어보는 사람은 별로 없다.

음악과 생계 사이

l

평론가로 활동하면서 독자들의 가장 이상적인 비율을 7 대 3으로 잡았다. 나의 평론에 대해 열 명 중 일곱 명 정도가 공감해주면 세 명 정도는 욕을 해도 상관없다. 아직은 6 대 4 정도인 것 같다. 뭐, 5 대 5까지도 괜찮을 것 같다. 단, 나의 글에 부정적인 사람이 공감해주는 사람보다 많아지면 평론을 한다는 것 자체에 대해 한 번쯤 고민해봐야 한다고 생각한다.

이런 상황에서 자신을 생각하지 않는다면 자연스럽게 도태될 것이다. 왜냐하면 당연히 그 평론가에겐 욕밖에 남지 않을 테니까. 그리고 당연히 그 평론가의 글을 읽으려는 사람들도 사라질 테니까.

창작자나 기획사는 뭔가를 만들어내고, 미디어는 그것을 대중에게 노출하고, 대중은 이를 받아들이고 평가하는 일련의 과정이 계속되면서, 그리고 이것들이 돈을 만들어내면서 성공하기도 하고 자연스럽게 부수적인 문제들도 생기는 거라고 생각한다. 힙합이 처음에 흑인들의 저급한 음악으로 인식되다가 지금껏 성장한 이유도 결국은 돈이 됐기 때문이다. 그리고 힙합을 둘러싼 많은 소송, 가령 무단 샘플링 등에 대한 소송도 모두 힙합이 돈이 되기 시작하면서 생겨났다. 이런 문제들에도 불구하고 양질의 작업과 이를 누리는 사람들이 유지되면 이른바 주류가 되는 것이다. 그런데 누군가 이런 일련의 과정을 배제하고 인위적으로 주류로 끌어올린다는 것은 굉장히 부정적이고 불가능하다고 생각한다. 지금 힙합을 대세로 끌어올린 몇몇 프로그램이 완전히 사라졌을 때 과연 어떻게 될 것인가를 상상해봐야 한다.

평론을 하겠다거나 필자가 되겠다고 찾아오는 사람들이 그런 얘기를 많이 한다. '이걸 통해서 힙합 신을 바꾸고 싶다.' '이걸 통해서 힙합 신에 도움이 되고 싶다.' 그러면 '평론이나 글을 쓰는 것, 콘텐츠를 만드는 것으로 뭔가를 바꾸고자 하는 건 굉장한 오만이다. 그걸 통해서 뭔가 도움이 되겠다는 생각을 하지 마라. 그건 우리 의지대로 되는 것이 아니다'라고 얘기한다. 뭔가를 하고 싶다면 창작물에 대해 새로운 시각을 제시하고 새로운 역할을 하라고 이야기한다. 초창기에는 평론이 작품 구매에 영향을 끼쳤을지 모르지만 지금은 대중문화의 흐름에 작은 논쟁거리를 던지고 이를 수용하는 이들이 새로운 시선으로, 다각적인 시선으로 바라보게 하는 역할만으로도 충분하다. 만약 그런데도 수용자들의 흥미가 사라진다면 그 분야에 대한 평론도 같이 사라질 것이다. 하지만 아무리 그렇더라도 평론의 근간이 되는 기조를 바꾼다든가 대중의 눈치를 보며 흐름을 따라가는 것은 옳지 않다.

아이돌이 이른바 '리트윗'을 한 번 해주면 반응이 굉장히 뜨겁다. 무명 평론가에서 한순간에 유명 평론가가 되는 것이다. 여기에 평론가들이 맛을 들이면 빠져나오기가 굉장히 힘들다. 하지만 그건 순간이다. 그들은 그 평론가의 평론에 끌린 것이 아니라 아이돌이라는 타이틀에 따라온 것이기 때문이다. 이른바 '잘나가는 아티스트'에 대해 글을 쓰면 쉽게 관심을 끌고 주목도 받는 현실에서 자신의 소신대로 글을 쓰는 것은 굉장히 힘든 일이다. 그리고 이런 평론가들에게는 생계가 걱정거리일 수밖에 없다. 평론가가 무조건 좋은 말만 써주는 경우도 있는데, 그러지 않아먹고살기 힘들어지는 순간이 오면 나는 그냥 평론을 하지 않겠다는 생각이다.

그래서 자신이 하고자 하는 이야기를 떳떳하게 하기 위해서는 평론 외에도 생계를 유지해줄 직업을 가져야 한다고 생각한다. 사실 자신의 이야기를 전하기 위해 다른 직업을 갖는 사람이 많다. 예를 들어 내가 예전에 힙합을 듣기 시작한 시기에 미국 언더그라운드 래퍼들의 인터뷰에서 이런 말을 봤다. "네가 힙합을 하거나, 혹은 관련 업계에 뛰어들어 정말 하고 싶은 음악을 하려면 생계를 유지할 수 있는 환경을 만들어라." 이 말이 내게도 많은 영향을 끼쳤다. 지금까지 쭉 이야기했지만, 사실 평론이라는 작업만으로 생계를 꾸리기는 상당히 힘들다.

내가 몸담고 있는 리드머를 예로 들자면, 리드머를 같이 시작한 동갑내기 친구가 있었다. 이 친구도 처음에는 아마추어로 글을 썼는데 리드머라는 회사를 만들고 운영하면서 투자를 받아 최초로 풀 밴드 흑인 음악 공연을 시작했다. 사실 아무것도 준비되지 않은 클럽에서 풀 밴드로 공연을 하면 돈이 굉장히 많이 든다. 공연장이 꽉 차도 적자가 상당했는데, 설상가상으로 음악 웹진에 대한 관심도 갑자기 사그라져 굉장히 어려운 상황이었다. 그때 그 친구가 자신은 평론을 그만두고 돈을 벌어 리드머가 지향하는 방향으로 나아가게 지원하겠다고 했다. 이런 도움을 받았다는 게 굉장히 운이 좋은 경우다. 이 친구를 만나지 않았다면 내가 과연 평론을 계속하고 있을지 의문이다. 이렇게 생계 유지를 위해 희생이 따르기도 했지만, 오히려 리드머의 정체성이나 기조가 더욱 좋게 알려지는 계기가 되었다.

리드머에 지원하는 신입 필자나 블랙뮤직 평론가를 꿈꾸는 친구들에게 이런 말을 해준다. "흐름만 따라가지 마라. 하고 싶은 이야기를 할 수 있어야 한다. 그리고 무조건 주관적이어야 한다. 다만 그 주관적인 글을 설득력 있게 만들어주는 근거를 찾는 것이 중요하다." 사실 필력은 부수적인 요소다. 나도 글로만 보면 굉장히 못 쓰는 편이었다. 하지만 글은 계속 쓰다 보면 늘게 마련이다. 중요한 건 어떤 장르의 흐름을 읽어내고 변별력을 갖는 식견 자체다. 이건 쉽게 얻어지는 것이 아니다. 해당 장르의 음악이나 주제에 대해 엄청난 애정을 갖고 스스로가 굉장히 많이 듣고 찾아봐야 한다.

결론적으로 말하자면 평론 또는 미디어 관련 일을 하게 되면 뭔가를 바꿔보겠다, 뭔가를 범대중적으로 끄집어 올려보겠다, 라는 생각을 하기 전에 먼저 그 분야에 얼마나 애정을 갖고 있는지, 전문적·기본적 지식을 얼마나 갖추고 있는지, 비판에 얼마나 준비되어 있는지를 생각해보라고 권하고 싶다.

'짧고 굵게'보다는 '길고 가늘게'

내 인생에서 가장 기뻤던 순간과 가장 고통스러웠던 순간이 모두 음악과 연관되어 있다. 가장 즐거웠던 순간은 학창 시절 명절이 되면 세뱃돈을 받아 어떤 카세트테이프를 살지 한 달 전부터 목록을 작성하며 기다렸던 것이다. 반면 가장 고통스러웠던 순간은 세뱃돈을 받은 뒤 연휴가 이틀이나 남아 있어 카세트테이프를 사지 못하는 것이었다. 이때 대부분의 음반 가게가 문을 열지 않았기 때문이다. 이틀을 기다린다는 건 정말 너무나 고통스러웠다. 이건 경험해보지 않은 사람은 정말 상상도 할 수 없을 정도의 고통이다. 내가 유일하게 누군가를 부러워한 순간이 있었다. 압구정동의 상아레코드라는 곳에서였다. 상아레코드는 2000년대 초·중반까지도 힙합 음악을 듣는 한국의 마니아들에게 성지와도 같은 곳이었다. 들어가면 한쪽 벽면에 내가 사고 싶은 모든 음반이 있었다. 문을 열고 들어서는 순간부터 가슴이 두근거린다. 어느 날인가 그동안 모은 돈을 들고 상아레코드에 갔다. 가격이 1만 7000원에서 2만 4000원인 수입 CD들이 들어올 때였다. 그 정도의 금액은 내게 1주일치 밥값이었다. 1주일 또는 2주일치 밥값을 모아 CD를 사기 위해 안산에서 압구정동까지 가는 것이다. 사고 싶은 CD는 많은데 기껏 두 장 정도밖에 살 수 없었다. 그래서 심혈을 기울여 CD를 고르고 또 고르는데, 내 눈에 분명히 나보다 어려 보이는 친구 둘이 들어와 미친 듯이 CD를 쓸어 담아 계산을 하고 나가는 모습을 보면서 생전 처음 부모님이 원망스러웠다. 돈 있는 사람들을 그렇게 부러워했던 순간이 없었다. 물론 지금은 아니지만, 당시의 그 느낌은 아직도 잊히지 않는다.

마지막으로, 내 인생에서 가장 즐거웠던 꿈 이야기다. 이번에도 상아레코드가 무대다. 어느 날 꿈에서 CD를 사러 상아레코드에 갔는데 주인아저씨가 없었다. 한 10분을 기다린 것 같았다. 그러다 아무리 불러도 아저씨가 안 오기에 CD를 내 가방에 쓸어 담았다. 그리고 집에 와서 그걸 책상 밑에 꽂아놓고 잤다. 그런데 일어났더니 꿈이더라. 너무 생생해서 아침에 일어나 볼을 꼬집어보고 뺨을 때려봤을 정도다. 꿈이라는 것을 깨달은 순간 너무 허망했다. 하지만 지금도 그 꿈이 인생에서 가장 아름다운 꿈이었다고 이야기할 만큼 잊히지 않는다.

내가 활동하고 있는 분야는 블랙뮤직 평론이다. 그런데 블랙뮤직계에서 꼭 평론이 아니더라도 콘텐츠를 만드는 사람들이 있다. 평론뿐 아니라 콘텐츠를 만드는 사람들도 이런 목표를 가져보면 어떨까 한다. 돈도 중요하지만 콘텐츠를 만드는 사람들은 어쨌든 콘텐츠에 대한 애정이 굉장히 커야 한다. 애정이 있어야 책임감도 생기고 좀 더 재밌는 콘텐츠를 만들어낼 수 있다. 그러면 돈도 따라온다.

그런데 순서가 바뀐 경우가 너무 많다. 그리고 나는 앞에서 선포했듯이 만약에 논조를 굽히고 타협해야만, 즉 잘나가는 사람들을 성심성의껏 빨아 재껴야만 평론가로 살아갈 수 있는 순간이 온다면 깔끔하게 키보드를 던지고 공단으로 갈 것이다. 난 이미 일반 기업의 신입사원이나 경력직으로 취직하기엔 불가능한 나이가 되었다. 그래서 몸으로 뛰는 공장으로 가겠다는 것이다. 음악에 관한 소신 있는 글쓰기를 버리지 않기 위해서 말이다. 이런 생각으로 이 일에 임하고 있으며, 결국 그렇게 임하다 보면 언젠가는 좀 더 발전할 것이다. 그리고 '짧고 굵게'보다는 '길고 가늘게'라는 생각이 요즘 세상엔 좀 더 필요하지 않을까 하는 생각도 해본다.

못해도 괜찮아

권용득_만화가

포기하지 않으면 지지 않는다

I

아들은 모든 게 늦된 편이었다. 다른 아이들에 비해 말도 늦게 시작했고, 기저귀도 늦게 뗐다. 그런데 아들이 어린이집을 옮기면서 모든 게 달라졌다. 밥도 빨리 먹으려고 하고, 똥도 빨리 싸려고 했다. 사소한 일로도 경쟁하려고 했고, 뭐든지 이기려고 했다. 그전까지만 해도 가정집을 개조한 작은 어린이집에 다녔는데, 그보다 큰 어린이집으로 옮기면서 생긴 변화다. 아무래도 바뀐 환경이 아들의 경쟁심을 부추긴 듯했다.

그러던 아들이 하루는 우리 집 가훈이 뭐냐고 물었다. 어린이집에서 숙제로 가훈을 조사해 오라고 했던 모양이다. 가훈 따위는 없었는데, 잘됐다 싶었다. 나는 마치 아들이 태어나기 전부터 그 숙제를 기다렸다는 듯 아들에게 말했다. 우리 집 가훈은 '못해도 괜찮아'라고. 그대로 두면 아들이 이기는 것만 가치 있다고 생각할까봐 급조한 가훈이었다. 궁서체로 쓴 표구만 없을 뿐, 지금도 여전히 우리 집 가훈이다.

그런데 아들에게 말했던 '못해도 괜찮아'에는 한 가지 조건이 있다. 못해도 괜찮으려면 무슨 일이든 일단 해봐야 한다. 못해도 괜찮다는 말이 무조건 아무것도 하지 말자는 얘기는 아니기 때문이다. 입시나 학업성적처럼 결과만 놓고 '잘했다, 못했다'로 나누는 일은 야만스럽다고 생각한다. 잘하는 기준은 저마다 다를 수 있으니까. 마찬가지로 대부분의 운동경기도 승자 독식 구조다. 스포트라이트는 승자만 비추고, 승자가 모든 영광을 독차지한다. 야구에서는 홈런을 많이 치는 선수가 더 각광받고, 축구에서는 골을 많이 넣는 선수가 더 각광받는 것처럼 말이다.

그런데 운동경기 중 가장 야만스럽다고 생각했던 이종격투기는 조금 달랐다. 이종격투기는 내 생각과 달리 상대방을 잘 때리는 사람이 아니라 상대방이 포기할 때까지 버티는 사람이 이기는 게임이었다. 상대방이 나보다 신체적으로 월등하더라도 포기하지 않으면 지지 않는 게임이었다. 경쟁도 그래야 하지 않을까? 결과나 기록에 따라 승패가 나뉘는 단순한 이분법적 계산이 아니라 '내가 포기하지 않으면 지지 않는 것'이 되어야 하지 않을까?

런던 올림픽 유도경기에서 있었던 일이다. 어느 유도선수가 자국 역사상 처음으로 올림픽 유도경기에 출전했다. 그는 분투 끝에 동메달을 땄지만, 아무도 관심을 기울이지 않았다. 그런데 시상식에서 그가 은메달이나 금메달을 딴 선수보다 훨씬 더 기뻐하는 것이 아닌가. 현장 카메라는 곧장 그 선수를 비추기 시작했고, 중계진은 뒤늦게야 그의 정보를 찾느라 분주했다. 더 높은 단상 위의 선수들이 아니라, 그들보다 아래에 있던 선수가 그 순간만큼은 주인공이었던 셈이다. 그 장면을 지켜보면서 승리에 집착하지 않는 것이 야말로 진짜 이기는 것이 아닐까, 라는 생각을 했다.

행복하기 위한 해찰

|

내 직업은 만화가지만, 미술학원을 다니거나 그림을 따로 배운 적이 없다. 공대생일 때 문득 이런 생각이 들었다. '아, 졸업해서 이 일을 계속하면 행복할까?' 한때는 학교를 무사히 졸업하고 좋은 회사에 취업해 존경받는 선배가 되고 싶었다. 남들처럼 단란한 가정도 꾸리고 싶었고. 그런데 그렇게 살면 '행복할까?'라는 의문이 꼬리표처럼 따라붙었다. 그 의문을 좀처럼 떨칠 수 없었다. 결국 대학을 자퇴하고 만화를 그리기 시작했다.

내가 엉뚱하게 만화의 길로 빠졌던 것처럼, 자기가 좋아하는 일을 찾고 그 일을 해나가는 과정에는 전공이나 스펙이 그렇게 중요하지 않다. 과거에는 엘리트들이 사회를 이끌어갔다면, 요즘에는 열정적인 사람들이 사회를 이끌어간다. 예를 들어 내 아내도 법대를 나왔지만 만화를 그리고 있고, 내 책을 편집해준 편집자도 사회운동을 하다 출판편집자가 됐다. 모두 자신의 학창 시절 전공과는 상관없는 일을 하고 있는데, 적성에 잘 맞는지 그 일을 계속하고 있다. 나도 만화가지만 요즘에는 만화보다 글을 더 많이 쓰고 있고.

말하자면 해찰을 일삼다 만화도 그리게 됐고, 여러 매체에 글까지 쓰게 됐다. 국어사전에 의하면 해찰은 '(해야 할) 일에는 마음을 두지 아니하고 쓸데없이 다른 짓을 함'이라고 하는데, 한마디로 '딴짓한다'는 얘기다. 그리고 '딴짓하다'라는 관용구는 주로 부정적 의미로 쓰인다. 어쩌면 주의력결핍과잉행동장애(ADHD 증후군)도 딴짓에 해당될 테고, 그렇다면 해찰이 취미인 나도 주의력결핍장애를 가지고 있는 셈이다. 그런데 살면서 딴짓 한번 하지 않고, 한 우물만 파는 사람이 과연 몇이나 될까? 오히려 딴짓을 통해 우리는 자신과 맞는 일을 찾아내고, 그 일을 통해 비로소 행복할 수 있지 않을까?

'밥 팔아서 똥 사먹는다'라는 말이 있다. 그만큼 쓸데없는 짓을 한다는 얘기인데, 해찰이나 딴짓과 같은 의미다. 어릴 때부터 아버지에게 귀가 따갑게 듣던 얘기이기도 하다. 아버지는 내가 이왕이면 공부를 열심히 해서 안정적인 직업을 갖길 바랐고, 나는 아버지 뜻대로 살 수 없었다. 만화를 그리겠다고 했을 때도 아버지는 어김없이 '밥 팔아서 똥 사먹는다'라는 말을 반복하셨다. 아버지는 왜 그러셨을까? 아버지는 왜 내 선택이 늘 못마땅했을까?

아버지는 혹시 내 걱정을 하기 싫어서 내가 자기 뜻대로 살기를 바라셨던 건 아닐까. 나도 부모 입장이 되어보니 아버지가 일면 이해되었다. 자식을 정말 사랑한다면, 이래라 저래라 하는 잔소리를 함부로 할 수 없을 것이다. 하지만 아무리 사랑하는 자식이라도 그 자식이 불안한 상태로 있으면 부모에게는 걱정거리가 되고, 부모는 그 걱정거리를 얼른 눈앞에서 치우고 싶을 것이다. 부모가 아이에게 음식을 흘리지 말라고 잔소리하는 것도 음식을 흘린 아이가 아니라 부모가 치워야 하기 때문이다. 손 근육이 발달하지 않은 아이는 음식을 곧잘 흘릴 수밖에 없는데 말이다.

연애할 때도 마찬가지다. 가만히 보면 상대방을 사랑하는 게 아니라 상대방을 사랑하는 자기 자신을 사랑하는 사람이 있다. 그래서 상대방이 자기 기준에서 조금만 벗어난 행동을 하거나 가치관이 다르면 혼란을 겪는다. 상대방에게도 나름의 생각이 있을 텐데, 그 나름의 생각은 존중하지 못하고 (프로크루스테스의 침대처럼) 자기 잣대를 들이댄다.

부모가 자식을 사랑하는 방식도 비슷하다. 대부분의 부모는 자식에게 온갖 투자를 아끼지 않고, 그 결과 사교육 시장이 걷잡을 수 없을 만큼 커졌다. 가까운 예로 우리 아들은 학원에 안 다니지만, 주변 친구들은 모두 학원에 다닌다. 초등학생밖에 되지 않은 아이의 중학교, 고등학교, 대학교 진학을 미리 대비하는 부모도 생각보다 많다. 자기 아이가 뭘 좋아하는지, 또는 뭘 하고 싶은지 살피기보다 자기 아이가 수학 문제를 남들보다 빨리 풀기를 원한다. 그래서 요즘 초등학생들 입에서 사는 게 지옥 같단 말이 나온다. 과장된 표현이긴 하지만, 학교가 재미있다는 아이들을 본 적이 없다(다행히 아들은 학교가 재밌다고 한다).

이처럼 부모는 자식이 자판기라도 되는 줄 안다. 사교육비 100만 원을 투자하면 모의고사 성적이 그만큼 올라야 하고, 더 좋은 학교에 진학해야 한다고 생각한다. 부모의 욕망으로부터 비롯된 경쟁에 내몰린 아이들이 부모의 욕망으로부터 어느 정도 자유로워진 대학생이 되면 그제야 '나는 뭘 하고 싶지?', '나는 누구지?' 같은 질문들로 갈등하기 시작한다. 대학생이 아니더라도 충분히 할 수 있는 질문이지만, 가고 싶던 대학에 합격하고 난 뒤부터 그 질문들을 하게 된다면 그나마 다행이다. 가령 지금 내 나이가 마흔 살인데, 내 주변 마흔 살들을 보면 모두 사춘기 같다. 왜 회사에 다녀야 하는지 모르겠다는 친구도 있고, 행복이 뭐냐고 묻는 친구도 있다. 자기가 왜 행복하지 않은지, 어릴 때부터 했어야 하는 질문들을 계속 미루다 이제야 자문하기 시작한 것이다.

작은 일도 소중하게 여길 때

❙

고속도로 톨게이트 입구에서 아르바이트할 때였다. 낮에는 주로 과적 차량과 적재 불량 차량을 단속했다. 당시에는 톨게이트 인근 지역이 한창 참외 수확 시기라서 참외를 과적하거나 제대로 적재하지 않은 운전자가 꽤 있었다. 내가 그런 차량을 막아서면, 아저씨들은 하나같이 주먹으로 내 얼굴을 한 대 때릴 것 같은 기세로 차에서 내렸다(실제로 때린 아저씨는 없다). 스무 살이 갓 넘은 내가 아저씨들에게는 만만하게 보였을 테고, 아저씨들은 나를 위협해서라도 빨리 가고 싶었던 것이다. 여기서 시간을 낭비하거나 되돌아가게 되면 하루, 아니 1주일치 생활비를 날릴 수 있으니까. 아저씨들에게는 생계가 걸린 문제였고, 나도 그런 사정을 모르지 않았다. 매번 아저씨들은 화부터 냈고, 나는 방법을 찾아보겠다며 그들을 진정시켜야 했다. 그러느라 정작 다른 볼일은 못 봐서 곤란할 때가 많았다.

회사 입장에서 나는 일처리를 빨리하지 못하는 무능한 직원이었지만, 내 입장에서는 화부터 내는 아저씨들을 달래는 일이 묘한 성취감을 주었다. 적재 불량 참외를 같이 내리고 다시 실어 아저씨의 생계를 지켜주기도 했다.

이렇듯 어떤 일이든 하다 보면 성취감이 느껴지는 순간

이 있다. 하지만 무슨 일이든 자기가 하고 있는 일을 하찮게 여기면 성취감은 느낄 수 없고 자존감만 떨어진다. 작은 일도 소중하게 여길 때 성취감도 쌓이고, 그게 곧 자존감의 크기가 된다. 그리고 그 경험은 당장은 아니더라도 나중에 반드시 도움이 된다. 나 같은 경우에는 화부터 내는 아저씨들을 상대했던 경험이 큰 도움이 됐다. 내·페이스북 계정에는 그때처럼 화부터 내는 아저씨들이 종종 주먹으로 얼굴을 때릴 것 같은 댓글을 달기 때문이다.

이처럼 작은 일도 소중하게 여겼으면 좋겠다. 쓸모없다, 시간 낭비에 불과하다는 생각은 자기 자신을 괴롭힐 뿐이기 때문이다.

꿈은 삶의 방식이 아닌 삶의 목적

|

혹시 〈서칭 포 슈가맨Searching for Sugar Man〉이라는 영화를 아는지? 〈서칭 포 슈가맨〉은 성취감을 가장 잘 설명해주는 영화다. 영화에는 로드리게즈라는 미국인 가수가 등장한다. 노래는 훌륭했지만, 미국 현지에서는 인기가 없어서 2집만 내고 사라진 가수였다. 그런데 지구 반대편 남아프리카공화국에서는 얘기가 달랐다. 어느 학생이 미국 친척집에 놀러 갔다가 우연히 로드리게즈의 노래를 감명 깊게 듣고, 자국인 남아프리카공화국으로 돌아와 친구들에게도 로드리게즈를 복음처럼 전파한다. 하지만 로드리게즈의 앨범을 구할 길이 없는 친구들은 카세트테이프를 복사하는 방식으로 음원을 공유했고, 로드리게즈는 어느새 남아프리카공화국의 슈퍼스타가 된다. 그런데 그동안 로드리게즈는 가수의 꿈을 완전히 접고 건축 관련 일을 하면서 하루하루 먹고살았다. 건축 관련 일이라고 했지만, 시쳇말로 '노가다'나 다름없다.

〈서칭 포 슈가맨〉은 감독이 온갖 방법으로 그 로드리게즈를 찾는 과정을 담고 있는 다큐멘터리 영화다. 감독은 자국에서 그토록 인기가 높은 가수가 정작 미국 현지에서는 조금도 알려지지 않은 사실에 주목했다. 나는 영화 중간까지 로드리게즈를 제멋대로 상상했다(로드리게즈는 영화 중간부터 등장한다). 가수로 성공하지 못한 로드리게즈가 세상을 원망하거나, 아니면 서둘러 세상을 떠났을지도 모른다고 생각했다. 로드리게즈는 내 상상과 달리 대단히 열정적이었다. 가수 따위는 꿈꾼 적도 없는 사람처럼. 로드리게즈는 자기 일과 주변을 사랑하고 있었고, 노동자 신분으로 사회문제에 관심을 가지면서 시의원 출마도 준비하고 있었다.

감독은 로드리게즈의 딸에게 아버지가 어떤 사람이냐고 묻는다. 그 대답이 무척 인상적이었다. 로드리게즈의 딸은 감독에게 자기 아버지는 한 번도 실의에 빠진 적이 없다고 대답했기 때문이다. 나는 그 대답이 터무니없다고 생각했다. 나는 로드리게즈처럼 사회적으로 인정받지 못했을 때도 실의에 빠지고, 사소한 일로도 하루에 몇 번씩 실의에 빠지기 때문이다. 어쩌면 감독은 로드리게즈를 통해 사회적으로는 실패했더라도 인생에서는 실패하지 않을 수 있다는 메시지를 에둘러 전달하고 싶었을지도 모른다.

로드리게즈의 노래 중에 '나는 빠져나갈 거야I will slip away'가 마음에 들었다. 가사 전체를 보면 '연인 관계에서 빠져나간다'는 의미인데, 중반부의 가사가 제법 인상적이었다. '네가 성공의 상징을 지키는 동안 나는 내 행복을 좇겠다. 그리고 네가 일상과 정해진 일정을 지키는 동안 나는 부서진 꿈을 만지작거리겠다And you can keep your symbols of success. Then I'll pursue my own happiness. And you can keep your clocks and routines. Then I'll go mend all my shattered dreams.'

사실 나는 2016년 여름 무렵 10초 국제애니메이션페스티벌에서 '실패왕'으로 뽑혔다. 하는 일마다 망해서 수많은 실패왕 경쟁자들을 가뿐히 제칠 수 있었다. 그래서인지 부서진 꿈을 만지작거리겠다는 로드리게즈의 노래 가사가 남의 일 같지 않았다. 성공의 상징을 좇기보다 어떻게든 나만의 행복을 좇아야겠다는 생각도 들었다.

꿈은 삶의 목적은 될 수 있으나 꿈 자체가 삶의 방식이 될 수는 없다. 이를테면 자기 아버지처럼 대통령이 되고 싶어 했던 박근혜 전 대통령은 어린 시절의 꿈은 이뤘지만 행복할 수 없다. 꿈은 이룬 다음이 중요한데, 그다음을 생각하지 않은 탓이다. 다시 말해 대통령이 되기 위해 달콤한 공약을 앞세웠지만, 그 공약을 실현시킬 방법은 고민하지 않았다. 그렇게 어린 시절의 꿈을 맹목적으로 좇으며 그다음은 생각하지 않는다면, 꿈을 이루고 나서도 불행해질 수밖에 없다. 그리고 그건 우리가 꿈을 이루더라도 새로운 꿈을 꿔야 하는 이유이기도 하다.

Q&A

Q 만화는 꿈을 담는 그림이라는 말씀과 함께 꿈과 성취감에 대해 많은 이야기를 해주었다. 만화가로서 그림을 그릴 때 주인 공이나 등장인물, 스토리에 성취감이나 꿈을 어떻게 담는가?

A 나는 그림을 정말 못 그린다고 생각한다. 그런데도 만화가 행세를 하고 있고, 어느 정도 성취감까지 느끼고 있다. 모두 다른 사람의 만화를 부지런히 챙겨 보지 않은 덕분이다. 다른 사람의 만화를 보면 흉내 내고 싶고, 나도 모르게 따라하게 된다. 내가 스스로에게 만족하지 못하기 때문이다. 또 그림 에 지나치게 신경 쓰다 보면 하고 싶은 이야기가 축소되어버 린다. 어느 날 문득 잉크 펜이 시간도 오래 걸리고, 나와 안 맞 다는 생각이 들었다. 즉시 그전까지 쓰던 도구를 모두 버리고 A4 용지에 일회용 펜으로 그림을 그리기 시작했다. 그랬더니 하고 싶은 이야기를 더 잘할 수 있게 됐고, 그 후에는 다른 사 람의 만화를 보더라도 섣불리 따라하지 않고 충분히 거리를 둘 수 있게 되었다. 그러니까 성취감 이전에 자기 자신에게 몰입할 시간이 필요한 것 같다.

Q 자퇴 이후 어떤 경로로 만화가가 되었나?

A 어떻게 만화가가 되는지 몰랐다. 학창 시절 연습장 따위

에 만화를 그려본 적은 있지만, 그게 전부는 아닐 테니까. 막연했다. 그래서 한 번도 만난 적이 없는 만화 관계자에게 무턱대고 메일을 보냈다. 어떻게 하면 만화가가 될 수 있는지 알려달라고. 그랬더니 뜻밖의 대답이 돌아왔다. '평소 좋아하는 만화를 처음부터 끝까지 따라 그려보세요.' 대충 이런 내용의 대답이었고, 나는 평소 좋아하는 만화를 굳이 따라 그리고 싶지 않았다. 평소 좋아하는 만화를 흉내 내고 싶어서 만화를 시작한 게 아니었기 때문이다. 또 어떤 분은 자기 밑에서 문하생 생활부터 시작하라고 했다. 그런데 그분은 문하생을 이미 여러 명 거느리고 있었고, 좀 나쁘게 말하면 노동 착취를 하고 있었다. 나는 아무리 장밋빛 미래를 약속하더라도 노동 착취는 견딜 수 없을 것 같아서 그 제안은 조금도 망설이지 않고 거절했다. 공대를 자퇴하고 다른 학교의 만화학과에 진학했지만, 그 학교도 결국 졸업하지 못했다. 만화가가 되기 위한 훈련보다 일단 내가 하고 싶은 이야기를 만화로 만들어봐야겠다고 생각했다.

그 과정을 돌이켜보면 만화가가 되는 방법을 몰라서, 또는 만화를 어떻게 그려야 할지 몰라서 두려웠다. 방법을 몰라서 두려웠던 나는 외부에서 답을 찾으려고 했다. 그런데 막상 누가 방법을 가르쳐주려고 하면 도무지 성에 안 찼다. 내가 원하는 답이 아니었다. 왜냐하면 나는 이미 마음속으로 결정한 상태였기 때문이다. 다만 두려워서 그 결정을 외면했을 뿐. '야, 너는 이렇게 하고 싶잖아', '누가 너더러 그림을 못 그린다고 해도 마음대로 하고 싶은 거잖아'라는 마음의 소리를 알고 있으면서도 모른 척했다. 말하자면 답은 언제나 내 안에 있었다. 또 앞서 말한 '해찰'처럼 딴짓을 일삼다 보면 나중에라도 '아, 이게 그런 거였구나' 하고 깨달음을 얻을 때도 있을 것이다. 그러니 쓸데없는 짓을 많이 해야 한다.

Q 요즘 만화 업계를 보면 출판은 죽고 스마트폰이나 PC로 넘어가는 현상이 강하다. 어떻게 생각하는가?

A 나쁘지 않다고 생각한다. 내 책만 안 팔리고 나 혼자만 망하는 게 아니라 다 같이 망하고 있어서. 내가 아는 유럽 만화가 친구들도 거의 다 망했거나 망하기 일보 직전이다. 그쪽도 책이 더럽게 안 팔리기 때문이다. 대신 그쪽은 책값이 비싸다. 책이 안 팔리더라도 저작물이나 저작물 생산자를 대하는 태도는 우리 사회와 다른 것 같다. 아무튼 책이 안 팔리는 현상은 우리나라뿐만 아니라 전 세계적인 추세다. 만일 내 책만 안 팔리는 거라면 정말 우울할 텐데, 그나마 다행이다.

그리고 사실 그동안 환경이 많이 변했다. 지금은 전자책 시장도 많이 커졌다. 창작자들도 그에 맞게 조금씩 변화하고 있고, 그 변화를 거스를 수는 없을 것 같다. 다만 만화 '책'은 사라져도 그 책에 담긴 내용은 쉽게 사라지지 않을 것이다. 다른 콘텐츠로 재생산될 수도 있고. 이 변화는 우리가 통제할 수 있는 일이 아니다. 그쪽이 돈이 된다며 각종 산업이 몰리는 것은 경계해야겠지만, 그렇다고 해서 가치 있는 콘텐츠들이 쉽게 사라지진 않을 것이다.

다음 세대에 누군가가 만화를 시작한다면 나와 달라야 한다. 누군가가 소설을 쓰고 싶다면, 기성 작가를 함부로 따라 해서는 안 되는 것처럼. 콘텐츠를 제작하는 사람이 새로움을 제시하지 못하고 낡은 콘텐츠를 고집한다면 결국 도태되고 말 것이다.

Q 요즘 누구나 창작 활동이 가능한 환경이 주어졌다. 이런 환경에서는 만화가로서의 자부심이나 정체성이 흐려질 수도 있다. 이런 환경에서 만화가라고 불리려면 어떠한 기준이 있어야 한다고 생각하는가?

A 스스로 작가라고 생각하면 작가 아닐까. 그게 남한테 허락받을 일은 아니라고 생각한다. 과거에는 특별한 재능을 가진 사람이 특별한 이름을 얻었지만, 지금은 그렇지 않다. 차라리 작가라는 직업이 사라지는 대신 모두 작가가 되면 괜찮지 않을까 싶기도 하다. 작가라는 직업은 따지고 보면 생각하는 게 일이다. 다들 먹고살기 바빠 다른 생각을 할 겨를도

없는 판에, 작가라는 직업군은 우리 사회에 부지런히 다른 생각을 제시하면서 사회적 동의를 얻기도 한다. 그런데 만일 사회 구성원이 저마다 자기만의 생각을 깊이 있게 다듬어간 다면 작가라는 직업이 사라질 수도 있지 않을까. 어쩌면 그 편이 더 바람직할 수도 있다. 자기 생각, 자기 욕구, 자기 탐구가 결국에는 타인에 대한 탐구로 이어질 테니까.

특히나 웹툰 같은 경우는 장벽이 거의 없다. 좋은 학교를 나오거나 누구의 문하생으로 있었다고 해도 아무 소용이 없다. 지금 웹툰 시장은 조금 다르게 얘기할 줄 아는 사람, 다르게 볼 줄 아는 사람이 승자인 게임이다. 그래서 그림을 못 그려도 웹툰 작가가 될 수 있고, 가치 있는 콘텐츠를 만들 수 있다. 그리고 내가 작가인지는 독자가 판단한다. 자기만의 이야기에 어떤 가치가 있다면, 그 가치를 알아보는 독자가 있을 것이다.

Q 물론 작가의 고뇌와 생각이 담겨 있고 여러 사람들의 공감을 이뤄낼 수 있는 작품이라면 모두가 작가가 되는 것이 바람직하지만 정말 아무 내용도 없이 그저 폭력적이거나 웃기려고만 하는 가벼운 작품이 많아지는 것은 문제라고 생각한다.

A 그런데 가만히 생각해보면 가볍다, 무겁다의 기준도 굉장

히 모호한 것 같다. 옳고 그름이나 맞고 틀리고의 기준을 함부로 들이댈 일도 아니고. 얘기했다시피 웹툰 쪽에 많이 투자되다 보니 이런저런 작품이 많아졌는데, 그 과정에서 좋은 작품이 나오기도 하고, 좋다고 말하기 힘든 작품도 나온다. 그 과정이 모두 좋은 결과로 이어질 순 없다고 생각한다. 그러니까 두고 볼 일 아닐까.

Q 자퇴 후 고민하고 방황하는 중에 새로 만화가라는 꿈이 생겼다고 했다. 왜 하필 만화가였는가?

A 자퇴 후 영화학과와 애니메이션학과, 그리고 만화학과 사이에서 한동안 고민했다. 일단 영화는 나 혼자 만들 수 없을 것 같았다. 협업이 필수고, 비용도 생각보다 많이 들 것 같았다. 애니메이션도 마찬가지다. 게다가 애니메이션은 어마어마한 노동도 불가피하고. 나 혼자 뚝딱 할 수 있는 일이 뭘까 고민했다. 자퇴 후 부모님한테 다른 학교 학비를 다시 대달라며 계속 기댈 수는 없는 노릇이었으니까. 내가 하고 싶은 일을 스스로 해보고 싶기도 했다. 그러다 만화가 좋겠다고 생각했다. 만화는 마음만 먹으면 방구석에서도 그려낼 수 있고, 잘하면 돈도 벌 수 있으니까.

요컨대 무슨 일을 하든 경제적 독립이 중요하다. 그런데 지금도 사실 경제적으로 완전히 독립한 상태는 아니다. 부모님한테 용돈은 드리지 못할망정 이따금 도움을 받기 때문이다. 아이를 키우려면 고정 수입이 필요한데, 고정 수입은커녕 몇 달 동안 수입이 한 푼도 없을 때도 있다. 물론 어떤 달에는 계약금이며 잔금이 한꺼번에 들어오기도 하지만, 한창 힘들 때는 대출 광고마다 솔깃했다. 전화번호도 저절로 외우게 되고. 내가 하고 싶은 일이 무엇이든 경제적으로 독립이 안 되면 그만큼 힘들 수밖에 없다.

Q 하고 싶은 일을 하게 되면 좋긴 하겠지만 경제적으로 힘들다. 그럼에도 하고 싶은 일을 하면서 사는 게 맞을까?

A 경제적으로 어렵더라도 이왕이면 하고 싶은 일을 하며 살아야 한다고 생각한다. 나도 내 생각대로 살아보는 시간이 정말 소중했다. 내가 내 인생의 주인이 된 것 같기도 했고, 그건 다른 일도 해낼 수 있겠다는 자신감으로 이어지기도 했다. 물론 경제적으로는 쉽지 않다. 가령 내가 하고 싶은 이야기만 만화로 만들면 굶어 죽기 딱 좋다. 그래서 생계는 주로 내가 하고 싶은 이야기가 아니라 다른 사람 이야기에 삽화나 학습만화를 그리면서 해결했다. 그 일을 어느 정도 하다 보니 규모를 키우면 더 큰 돈을 벌 수도 있겠다는 생각이 들었다. 내 주변에 그런 식으로 화실을 운영하거나 시리즈물을 계약하는 저자도 많다. 하지만 나는 생계를 위한 일에 매달

릴수록 하고 싶은 이야기에 대한 갈증이 커졌다. 그래서 내가 하고 싶은 이야기를 나름 꾸준히 만화로 만들었다. 그랬더니 기존의 삽화나 학습만화와는 다르다며 같이 일하자는 연락이 제법 온다. 대개 단순히 그림만 잘 그려주는 사람이 아니라 내용을 개성 있게 표현해줄 사람을 구하고 있었고, 결국 그쪽 시장도 자기 생각 또는 자기만의 개성이 뚜렷한 사람이 오래 살아남는 것 같다.

다만 하고 싶은 일을 하는데 경제적으로 계속 어렵다면, 함부로 얘기할 수 없지만, 다른 하고 싶은 일을 찾아도 되지 않을까 싶다. 포기하는 것도 능력이라고 생각한다. 다행히 나는 하고 싶은 일이 최소한의 돈벌이가 됐다. 하지만 최소한의 생계조차 해결하기 어려운데, 하고 싶은 일에만 매달릴 순 없다.

Q 마지막으로 덧붙이고 싶은 말이 있다면?

A 〈아메리칸 스플렌더〉라는 영화가 있다. 만화 시나리오 작가 하비 피카의 이야기인데, 영화 속 하비 피카의 마지막 독백이 너무 와 닿았다. 나는 지금껏 '못해도 괜찮아'라고 했는데, 사실 그 앞에 단어 하나가 빠졌다. '성공' 못해도 괜찮아. 내가 스스로에게 했던 말이기도 하다. 다음에 인용한 하비 피카의 마지막 독백처럼.

'어쨌든 나는 만화를 그리며 내 삶을 찾은 것 같습니다. 그렇다고 이게 해피엔딩은 아니에요. 빌어먹을 삶은 여전히 반복됩니다. 여전히 아내와 미친 듯이 싸우고, 그녀는 제대로 된 일을 구하지 않아요. 하지만 여전히 잘 살고 있습니다. 누구나 마지막에 죽습니다. 하지만 그 긴 전쟁 동안 몇 번의 작은 승리를 맛보는 것, 그게 인생 아닐까요. 하루하루는 언제나 새로운 시작이니까요.'

인생은 생각보다 길고, 인생을 통째로 이기는 방법은 없다. 오늘 하루 보람찼다, 그 정도만으로도 '작은 승리'라며 만족하는 것도 나쁘지 않은 것 같다. 너무 먼 목표가 아니라 조금 가깝게 하루하루를 의미 있게 보냈으면 한다.

페이드아웃에서 페이드인으로

김대현_독립영화 감독

페이드아웃은 영상이 서서히 어두워지는 걸 말한다. 지금 내 나이가 쉰이 넘었다. 이런 경우 한국 영화계에서는 거의 페이드아웃 당한다. 작품을 만들 기회, 활동할 기회가 줄어든다. 상업영화, 독립영화를 불문하고 나타나는 현상이다. 영화계뿐만이 아니다. 사회 전체에서 장년층의 활동 영역이 좁아지고 있다.

나는 수많은 페이드인과 페이드아웃 과정을 겪었고 이런 시행착오들이 페이드인의 시기인 청춘들에게 조금은 참고가 되지 않을까 생각한다. 무엇보다도 어떤 일의 수순, 맥락 등의 중요성에 대해 말하고 싶다. 바둑을 잘 두는 선배들이 그런 얘기를 많이 한다. 하수와 고수의 결정적 차이가 무엇인지 아는가. 대체로 바둑의 문법, 그러니까 정석을 따라갈 때는 모양이 대략 비슷한데 고수가 정석을 벗어나서 다른 수순을 밟으면 하수는 결정적으로 거기에 대응을 못한다는 것이다. 결국 수순이라는 게 중요하다.

영화와의 만남

|

나는 경영학을 전공했다. 그런데 3월에 입학하여 회계 과목을 들으면서 '아차, 잘못 들어왔다' 하는 생각을 했다. 당시가 1980년대 중반이었는데 학교 분위기에 편승해 운동권

에 한 발 걸치게 되었다. 마지막 학기에는 총학생회 일을 맡아서 등록금 인상 저지 투쟁, 부정 입학 규탄, 뭐 이런 걸로 싸우다가 졸업하게 됐다. 당시에는 학생운동을 하다가 노동 현장에 투신하고…… 그런 식으로 가는 게 운동권의 보편적인 패턴이었는데 나는 그런 캐릭터는 아니라고 생각했다. 그러다 1990년 봄이 되니 어느덧 나는 사북 탄광 지역의 영화 현장에 있었다. 박중훈, 심혜진, 문성근 씨가 나오는 〈그들도 우리처럼〉이란 영화였다. 그때 영화 제작 현장을 처음 경험했다. 짧은 시간이었지만 그 현장에 있으면서 영화를 만들어야겠다는 결심을 했다. 사실 이때까지만 해도 한국 영화의 퀄리티가 높지 않았다. 지금처럼 기술적으로 수준이 높지도 않고, 멀티플렉스도 없어서 극장 한 군데에 개봉해서 흥행되면 몇 개월간 계속 걸려 있는 때였다.

대부분 감독들의 인터뷰를 보면 할리우드 키드들이 영화를 했다는 이야기가 많은데, 나는 할리우드 키드는 아니었다. 어린 시절에 봤던 〈바보들의 행진〉(1975년)에서 많은 영향을 받았다. 영화에 깔려 있는 정치적 맥락이나 은유 같은 것을 전혀 몰랐는데도 그냥 배경음악으로 나오는 송창식의 노래 같은 것들이 좋았다. 뭐, 할리우드 영화를 안 본 건 아니지만 어렸을 적엔 주로 극장에서 홍콩이나 중국의 무협물을 봤고, 초등학교 고학년 때부터는 미성년자 관람 불가인 한국 영화를 몰래 보러 다녔다.

혹시 〈무릎과 무릎 사이〉라는 영화를 아는지? 1988년에 이장호 감독이 만든 영화다. 이장호 감독은 〈어우동〉이라는 자극적인 영화를 만들기도 하고 〈바보 선언〉이나 〈나그네는 길에서도 쉬지 않는다〉 같은 감각적이고 예술적인 영화도 많이 만들었다. 나는 이런 한국 영화가 갖고 있는 정서에 어릴 적부터 몰입되어 있었다. 타르코프스키라는 감독은 영화 매체의 본질을 '봉인된 시간'이라고 정의한다. 필름 안에 시간이 봉인되어 있다는 것이다. 나도 그런 점에서 어릴 적에 본 한국 영화들이 마음속에 봉인된 시간처럼 남아 있다.

이런 여러 가지 정서적인 베이스와 더불어 노동운동을 하기엔 스스로 적합하지 않다는 생각이 있었고, 그렇다고 직장에 다니면서 조직의 일원으로 사는 것은 싫어서 영화를 가지고 미디어 운동이란 관점에서 시작해보면 어떨까, 그게 나의 상태를 복합적으로 충족시켜줄 수 있지 않을까 해서 영화를 선택했다. 1980년대에 각 대학에 영화 동아리가 생겨나고 비디오가 보급되면서 영화 제작이 과거보다 많이 쉬워진 시점이었다. 또 문화운동의 수단으로 영화운동이 활발하게 진행되는 시점이기도 했다.

영화를 선택했지만 지금처럼 영화를 쉽게 접하거나, 공

부할 방법이 없어서 대학원을 갔다. 그때는 영화과 대학원이 세 군데 정도 있었고 나는 영화과 교수님들 중 이름을 아는 분이 유현목 감독님밖에 없었다. 그분이 계신 곳이 동국대였다. 그래서 시험을 2주일 앞두고 영화책 다섯 권을 외운 다음 다시 1주일을 앞두고 교수님에게 가서 '내가 이렇게 해서 영화 공부를 꼭 해야겠는데, 어떻게 해야 하느냐'고 물었다. 그랬더니 '몽타주 이론에 대해선 공부를 좀 했나? 이탈리아 네오리얼리즘 이론에 대해선 어떻게 생각하나?'라고 물어보셨다. 그게 시험 문제로 나왔다. 부정이 있었던 것은 아니다. 대화 중에 그런 말이 나왔을 뿐이다.

그렇게 대학원에 가서는 최근에 〈아수라〉라는 작품을 만든 김성수 감독, 유하 감독 같은 선배들을 졸졸 쫓아다니면서 영화를 시작하게 됐다. 〈그들도 우리처럼〉 같은 경우에는 김성수 감독이 시나리오를 쓰고 조연출로 들어가 있을 때 그분을 따라 강원도 탄광 지역에 갔다. 영화를 찍으러 지방에 간다는 설렘에 노란색 재킷을 입고. 노란색은 1주일 만에 탄가루가 스며들어서 까맣게 바뀌었다. 그 이후로 못 입게 됐다. 이 영화 현장을 통해 영화를 처음 접했다. 현장에서 직접 공부하게 되면서 봇물 터지듯이 영화에 대한 애정이 갑자기 생겼다.

내가 26세에 영화에 입문하고 대학원 연극영화과에 들

어갔더니 다른 사람들은 고등학교 때 진로를 결정하고 영화를 배우고 있었다. 그래서 조급증에 미친 듯이 영화 촬영 현장에도 가고, 〈베를린 리포트〉(프랑스와 독일에서 로케이션했던 강수연, 안성기 주연의 영화)에 막내로 들어가기도 하고, 거의 매년 학교에서 단편영화를 찍기도 했다. 그리고 영화제도 하나 만들었다.

지금 부산국제영화제는 1996년에 시작됐는데, 내가 영화계에 입문했을 때부터 선배들은 '한국에도 국제영화제가 필요하다. 해외 영화도 좀 많이 보고, 도입해야 된다'는 얘기를 했다. 그런데도 영화제가 만들어지지 않았다. 당시에 단편영화제로는 독일의 오버하우젠과 프랑스의 클레르몽페랑이 유명했다. 그래서 내가 영화제를 만들기 위해 그곳에 가겠다고 결심하고 은행에서 500만 원을 대출받아 비행기 표를 사고 스스로 명함을 팠다.

영어를 잘하진 않는데 영화제에서는 페스티벌 잉글리시만 가능하면 되었다. '너 영화 너무 좋더라, 너 영화 정말 재밌었다.' 감독들은 그 얘기를 제일 좋아한다. 그러면 바로 대화의 물꼬가 터지니까 영화제를 몇 군데 돌면서 영화감독에게 즉석 초대를 한다. 작품만. '너는 내가 돈이 없어서 못 부른다. 작품만 보내줘.' 그러면 열이면 열, 작품을 보내 줬다. 그렇게 해서 1995년 12월에 대학로에 있는 동숭아트

1995년 12월 대학로 동숭아트센터에서 제1회 서울국제독립영화제가 개막되었다.

센터에서 서울국제독립영화제를 시작했다.

〈내 친구의 집은 어디인가〉가 개막작이었다. 그 유명한 이란 영화가 이 영화제에서 처음 소개됐다. 이런 이야기를 하는 이유는 젊은이들이 지금 이 순간을 그냥 뭔가를 준비하는 시기로만 생각하지 않았으면 하는 바람에서다. 무언가를 준비해서 시작하는 것이 아니라 하고 싶으면 그냥 하는 것이다. 무엇을 위해서, 무엇이 되기 위해서 미리부터 준비할 필요는 없지 않나? 나는 영화에 입문하고 처음 5년, 그러니까 20대 중반부터 30대 초반의 활동들은 그냥 그 자체로 의미가 있었다고 생각한다. 물론 나도 연출부 생활을 했다. 그때는 연출부 막내를 하면 다음에 서드나 세컨드를 하고, 조연출로 몇 작품 하면 얼마 뒤에는 자연스럽게 감독이 되는 시기였다. 그러니까 이런저런 활동을 하면서 '이러면 나도 6~7년 뒤에는 감독이 되어 있겠지'라는 막연한 준비의 의미가 없었던 건 아니다. 하지만 그것에 더해 나는 좀 즉흥적이었다. 그래서 다들 국제영화제를 해야 한다고 말만 하고 아무도 나서지 않을 때 대출을 받아 바로 외국에 갔던 것이다.

그 나이대의 에너지가 없었다면 못했을 일이다. 그 시기의 에너지가 과연 다시 생길까 싶다. 에너지란 여러 가지 의미로 복합적이다. 무슨 일을 처음 할 때 갖게 되는, 일에 쏟아붓는 열정 같은 것이다. 연인 관계랑 똑같다. 상대에게 쏟아붓는 초기 6개월간의 열정과 그 이후의 열정이 다르지 않나? 결국 그런 에너지는 20대의 고유함이고 그 이후에는 돌아오지 않는다. 그 시간에 '장래에 보장되지 않은 무언가'를 위한 준비로 에너지의 90퍼센트를 쏟는 것은 너무 바보 같은 일이다. 관련 정보와 노하우 등이 없는 시기라면 그것들을 얻기 위해 많은 시간이 걸릴 수도 있다. 하지만 지금은 어느 분야에서도 그럴 필요가 없다.

영화는 더 그렇다. 이제 누가 누구를 케어해주고 보장해주는 시기는 지나갔다. 감독들 자신의 앞날도 보장되지 않기 때문이다. 내가 일했던 1990년대 초·중반을 단순히 지금과 비교해본다면, 지금이 훨씬 더 짧은 시간 안에 집약적 경험을 하고 뭔가를 쏟아부어 성과를 얻을 수 있는 시대가 아닌가 생각한다.

의욕과 욕망 사이에서
|

1990년대 중반 삼성이 영화에 관심을 가지면서 서울단편영화제가 1994년에 처음 개최되었다. 국가의 지원이 전혀 없을 때 삼성이 단편영화제를 개최하고 단편영화 제작을 지원하는 시스템을 만들었던 것이다. 나도 서울단편영화제의 지원을 받아 〈안개〉라는 단편영화를 찍게 됐다. 그때부터 공적 지원을 활용해 영화를 계속 찍게 되었다. 여태까지 나름 열심히 했지만 이후에 굉장히 긴 시간 동안 페이드아웃되는 과정을 겪었다. 대기업의 진입으로 영화판이 완전히 개편되었기 때문이다.

우선 CJ가 가장 먼저 영화 산업에 관심을 가졌고 삼성, 현대, 대우 등 거의 모든 대기업이 영화계에 뛰어들었다. 또한 지금의 OCN, 캐치온 같은 케이블 채널들도 처음 생겼다. 그때 나는 3년 동안 '국제영화제'를 위해 일했다. 공개적으로 일본 영화가 상영된 게 1998년 즈음인데, 나는 그전에 일본 영화를 상영했다. 또한 케이블 채널에 단편영화 등을 배급하는 배급사 역할도 했다. 선배들이 말만 하고 움직이

1995년 단편영화 〈안개〉의 제작 현장

지 않는 상황이 너무 답답해서 내가 나섰던 것이다.

그리고 1998년에 영화 〈쉬리〉가 등장한다. 한국식 블록버스터의 시초였다. 이때가 제대로 된 투자를 받고 이전과는 다른 제작 시스템으로 좋은 작품들이 만들어지기 시작한 시점이다. 이 시기에 나는 영화 시나리오를 쓰고 영화를 만들기보다는 영화제 일을 열심히 하고 있었다. 방향을 잡고 올인해야 할 시기에 영화 제작에서 조금 비껴나 있었던 것이다. 그래서 영화제를 그만뒀다. 영화를 만들려고 영화계에 왔는데 뭐 하는 짓이지, 라는 생각에 영화제는 1998년에 접고 다시 시나리오를 쓰기 시작했다.

드디어 2000년대로 접어들었다. 박흥용이 그린 〈내 파

란 세이버〉라는 만화가 있다. 영화로 제작된 〈구르믈 버서
난 달처럼〉의 원작 만화를 그린 만화가다. 내가 이걸로 데
뷔하려고 오랫동안 준비를 했다. 시나리오에 몰입해 있으
면 일종의 상상임신과 비슷한 증상이 나타난다. 마치 영화
를 한 편 찍은 듯한 느낌이 드는 것이다. 그 정도로 오랫동
안 준비를 했다. 그러나 투자를 받지 못해 첫 번째 좌절을
겪게 된다.

이후에 〈여고괴담〉의 박기형 감독이랑 시나리오를 하나
더 썼다. 감독들이 보통 농담 반 진담 반으로 얘기한다. '내
가 쓴 시나리오는 곧 전집이 된다.' 전집이 나올 정도로 시
나리오를 많이 썼다는 얘기다. 나도 전집이 나온다고 말해
도 과언이 아닐 만큼 다양하게 썼지만 계속 엎어지면서 좌
절을 겪었다. 후배 감독들이 "형은 감독보다 PD가 나은 것
같아"라고 했다. 그 때문은 아니지만 〈거미숲〉이라는 작품
에는 감독이 아닌 프로듀서로 제작에 참여하기도 했다. 결
국 그 시점이 되는 대로 즉흥적으로 살았던 영화 인생에서
갈림길이었던 것이다.

그 무렵 의욕과 욕망 사이의 괴리가 컸다. 처음에 나는
영화를 하나의 주제를 전달하는 미디어로 봤다. 그런데 갑
자기 영화가 흥행에 성공하면 큰돈을 버는 산업이 되어버
렸다. 그사이에 나도 영화를 시작할 때의 의욕이 욕망으로

좀 변질되어 있었던 것 같다. 욕망으로 변질되었으면 상업영화를 해야 하는데, 내가 쓴 〈내 파란 세이버〉나 〈아버지 가방에들어가신다〉는 별로 상업적인 내용이 아니었다. 엄청난 괴리였다. 나는 투자사들과의 협의 없이 내가 만들고 싶은 작품을 만들겠다는 생각에 상업영화판에 뛰어들었다. 그러고는 '아, 내가 시나리오를 잘 쓰지 못해서 그러는구나' 하고 두 번째로 좌절했다. 시나리오보다는 내 자세가 문제였는데 말이다. 관객들이 보고 싶어 하는 영화를 만들겠다는 자세를 가져도 성공하지 못할 판에 '나는 내 얘기를 하겠어'라며 고집을 부린 것이 엄청난 간극이었던 셈이다. 그 간극을 인정하지 않은 시간이 아주 길었다. 나는 혼자 열심히 하고 있었지만, 결국 페이드아웃 시기였던 것이다.

왜곡된 열정, 왜곡된 의욕

|

2009년에 〈살인의 강〉이라는 영화를 1억 원으로 만들었다. 이때까지 정신을 못 차린 것이다. 무슨 말이냐 하면, '야, 지금 의미도 없이 과도하게 제작비가 낭비되고 있어. 내가 1억으로 얼마나 멋진 영화를 만들 수 있는지 보여주겠어'라고 생각했던 것이다. 정말 어리석었다. 그래도 1억 원을 들인 것치고는 기술적으로 고퀄리티였다. 나중에 영

영화 〈살인의 강〉 촬영 현장

화 〈명량〉을 맡았던 조명감독이 참여했다. 결국 스태프들에게 정당한 임금도 주지 못하고 도움을 받은 것이다. 그들의 도움으로 10억짜리만큼의 퀄리티를 냈다. 상업영화가 별거 아니고 이런 의지만으로도 가능하다는 것을 보여주겠다는 왜곡된 열정, 왜곡된 의욕이 있었던 것이다.

그 뒤로는 상업적인 영화를 안 만들었다. 세 편 정도 극영화를 만들었지만 결국 모든 영화가 스태프들의 노동력을 착취하지 않고서는 나올 수가 없었다. 그래서 아예 직접 촬영하면서 최소한의 인원으로 제작했다. 내게 2000년형 스타렉스 밴이 있었다. '이 차에 걸맞은 규모의 영화를 찍어야겠다'고 생각했다. 더 이상 저예산 영화, 독립영화라는 핑계를 대고 스태프들을 부려서는 안 된다고 생각하면서 말이다.

초고는 버리기 위해 쓴다

시나리오 작가로서는 이런 이야기를 하고 싶다. '초고는 버리기 위해 쓴다.' 영화인들을 만나면 생맥주를 마시고 수다를 떠는 동안 영화 몇 편은 나온다. 그만큼 아이디어가 많다. 하지만 아무리 아이디어가 많아도 컴퓨터 앞에 앉아서 글로 쏟아내지 않으면 소용이 없다. 그래서 컴퓨터 앞에 앉아 아이디어를 미친 듯이 글로 옮긴다. 약 20신까지. 영화를 3막 구조로 나눌 경우 20신은 1막에 해당한다. 영화하는 사람들의 폴더에는 20신까지 쓰다가 그만둔 시나리오가 굉장히 많다.

사실 초고라는 것은 연애와 똑같다. 남녀가 6개월쯤 사귀다 보면 모든 것을 알게 된다. 마찬가지로 시나리오도 6개월쯤 묵히다 보면 문제가 드러난다. 우리가 2킬로미터가 아니라 12킬로미터, 22킬로미터를 뛰어보면 몸에 어떤 문제가 있는지 알 수 있는 것처럼. 그래서 초고를 빨리 써보면 그만큼 빨리 버릴 수 있다. 초고를 쓰기 전에는 이 아이디어가 어떤지를 검증할 방법이 없다. 그래서 다소 거칠더라도 빨리 초고를 써보면 내가 술자리에서 얘기했던, 아니면 어떤 책에서 봤던, 아니면 어떤 캐릭터에게서 영감을 받았던 아이디어가 정말 사람들이 100분간 즐길 만한 것인지에 대해 객관화가 되는 것이다. 초고를 빨리 쓰면 쓸수록 시행착오를 줄일 수 있다.

그러나 초고를 빨리 쓰지 않는 이유는 굉장히 많다. 뭐도 해야 되고, 뭐도 해야 되고⋯⋯ 핑계가 너무 많다. 결국 이렇게 끝내주는 아이디어, 영화화되면 1000만 관객을 불러들일 아이템들은 계속 한 줄로 머릿속에 머물거나 20신짜리 초고로 컴퓨터 속에 남는 것이다. 계절이 바뀌고 해가 바뀌도록.

영화감독이나 시나리오 작가가 초고를 버리기 위해 빨리 쓰는 것처럼 젊은이들은 무엇에든 빨리 부딪쳐봐야 한다.

어떤 아이디어든 빨리 초고를 쓰고 다음 단계로 넘어가야 한다. 개인적으로 시행착오라는 말을 별로 좋아하지 않는다. 하지만 초고를 버릴 수 있을 정도의 구체적인 시행착오는 반드시 겪어야 한다고 생각한다. 시도해보지 않으면 무엇이 문제인지 모르기 때문에 계속 제자리걸음을 할 수밖에 없다.

내 정서의 출발점

I

나의 경우 극영화 중심의 사고가 시행착오의 가장 큰 요인이었다. 극영화를 출발점으로 삼을 필요가 없었는데, 아무도 내가 다큐멘터리에 관심을 갖게 해준 적이 없었다. 지금 한국 영화의 교육 실태도 극영화 중심으로 돌아가고 있고, 다큐멘터리는 완전히 별개의 영역으로 여겨진다.

영화판에서 여러 경험을 하면서 내 출발점에 대해 생각해보게 되었다. 뭐였을까? 영화를 떠나 내게 최초로 다가온 문화 충격이 뭐였을까? 노래였다. 난 윗세대의 노래들을 굉장히 감성적으로 받아들였다. 그런 노래들의 공통점이 번안가요였다. 번안가요란 옛날 외국 노래를 그대로 가져다 가사만 바꾼 것이다. 그래서 1960~70년대 LP 음반을 보면 '작곡 외국 곡, 작사 누구누구'라고 찍힌 것이 굉장히 많다. 저작권 개념이 없을 때라서 그냥 가져다 가사만 우리말로 바꿨던 것이다. 나도 그런 노래를 들으며 자라다가 대학생이 되어서야 원곡이 있다는 것을 알게 되었다. 그런데 그때는 이미 팝송 원곡보다 번안곡이 내 정서에 자리를 잡고 있었던 것이다. 문화적 체험의 첫 출발점이 그런 노래들이었기에 내 감정 자체도 번안된 것이 아닌가 하는 의문이 생겼다.

영화 〈다방의 푸른 꿈〉의 홍보 포스터

　그래서 번안가요를 불렀던 분들을 찾기 시작했다. 그러면서 1960~70년대에 번안곡을 많이 불렀던 가수들의 세계를 계속 좇게 됐다. 이렇게 만든 첫 다큐멘터리가 〈한국번안가요사〉다. 이 작품을 촬영하면서 '김시스터즈'가 1960년대 활동했던 분들보다 훨씬 앞선 1950년대에 활동했고 1959년에 미국으로 건너가 1960년대에는 국제적으로 아주 유명해졌다는 사실을 알게 되었다. 이를 기반으로 다음 작품 〈다방의 푸른 꿈〉을 찍게 되었다. 음악 다큐라서 노래 자체가 가진 힘이 있었다. 바로 1960년대에 봉인된 시간을 열어주는 힘. 어떤 곡들은 몇 번을 들어도 처음에 들었던 감정을 불러일으켰다. 물론 모든 감독은 자기 영화에 감동을 받는다. 시나리오를 쓰고 극을 촬영하고 편집을 하고 거기에 사운드를 입히는 순간 모든 감독은 자기 영화에 감동을 받는다. 사실은 그때가 최고다. 그렇게 자기 영화에 대한 애정이 가장 높을 때를 지나면 조금씩 객관화하게 된다. 그래도 최초의 어떤 정서적인 지점이 다큐멘터리 작품에는 계속 살아 있다. 덕분에 지치지 않고 재미있게 작업할 수 있는 것 같다. 독립영화 감독들이 어떻게 긴 시간 동안 살아남을 수 있는지 대부분 궁금해하면서도 물어보기가 쉽지 않다. 일단은 극장에서의 흥행 여부와 상관없이 작은 성취, 작은 성공의 기억이 조금씩 누적되면 충분히 버틸 수 있다. 그렇게 작은 성취, 작은 성공을 이어가면서 나도 다시 페이드인되는 과정에 진입했다.

자신만의 재미를 찾아라
|

나도 다큐멘터리를 시작한 지 얼마 안 되었다. 기껏 5~6년? 그런데 경험해보니 다큐멘터리가 영상 콘텐츠에서 차지하는 비중이 미약했다. 독립영화 안에서도 독립 다큐는

마이너의 영역이다. 독립 다큐는 주로 사회적 이슈를 중심으로 자리를 잡고 있다. 1980년대 후반에 시작된 독립영화, 그중에서도 독립 다큐는 운동장을 반의반도 못 쓰고 한 쪽 구석에 정체되어 있었다. 〈다방의 푸른 꿈〉 같은 작품은 방송국에서 제작 지원을 받을 가능성이 전혀 없었다. 독립 다큐 쪽에서도 정통성에서 벗어난, 쉽게 말해 족보가 없는 소재이고 기획이라고 생각했다. 사회적 이슈를 다루는 다큐멘터리가 아니라는 점에서 그랬다. 어쨌든 제작 전에는 양쪽에서 크게 관심과 인정을 못 받았다.

그런데 다큐는 원래 더 많은 운동장을 써야 한다. 극영화에 비해 훨씬 순발력 있게 움직일 수도 있다. 카메라 한 대만 있으면 운동장을 모두 활용할 수 있는데도 가운데가 너무 비어 있었다. 극영화에서 보여주고자 하는 가공된 이야기를 압축하여 극영화에 가까운 연출로 다큐멘터리에 구현할 수 있다. 또한 논문으로도, 미디어로도 기능할 수 있다. 다큐멘터리는 자기의 상황이나 진로와 연결시켜서 굉장히 다양하게 가지를 펼칠 수 있는, 가장 활용도가 높은 매체다. 영화와 미디어와 콘텐츠 등에 걸쳐서 복합적으로 생각할 수 있는 장르인 셈이다.

다큐멘터리를 찍으면서 다양한 사람들을 만나게 된다. 역사를 다루는 경우가 많아서 더욱 그렇다. 다큐멘터리를 만들 때는 무조건 구글에서 시작한다. 구글링을 하면 어느 정도 답이 나온다. 다음엔 소재와 관련된 네이버와 다음의 대표 카페를 찾아간다. 거기서 중요한 자료들을 우선적으로 찾아본 뒤 카페 운영자나 전문가를 만난다. 열이면 아홉은 만나준다.

그런데 내가 만난 사람들은 대부분 덕후였다. 예를 들어 어느 공기업에 근무하는 사람은 휴대전화를 보여주면서 "김 감독, 이런 자료는 본 적 있어?"라고 물었다. 진기한 옛날 한국 가요 2000곡이 담겨 있었다. 그는 공기업에 다니며 낮에는 생활인으로 살다가 퇴근 후에는 자신만의 작은 우주를 만들고 있었다. 결국 모두가 덕후로서 작은 우주를 하나씩 가지고 있으면 그 자체로도 의미가 있지만, 그것이 콘텐츠로 확장될 수도 있다. 작업 과정에서, 덕후들을 만나면서 굉장히 많은 감동을 받았다. 그들은 몇십 년간 하나의 영역에서 자기만의 우주를 구축하고 있다. 다큐멘터리를 매개로 이런 사람들을 만나는 것 자체가 낯선 경험이기도 했다.

다시 시나리오 이야기로 돌아가면, 나는 시나리오를 쓸 때 항상 상투성에서 벗어나고자 한다. 대상에 대해 잘 모르면 상투적일 수밖에 없다. 하지만 재미가 있으면 상투성에서 벗어날 수 있는 집요한 탐구가 가능해진다. 상투성에서 벗어나는 방법은 각자가 원하는 자기의 재미를 찾아 거기서 출발하는 것이다. 시나리오뿐만 아니라 진로와 관련해서도 그렇게 얘기할 수 있다. 뭔가를 만드는 삶에서 결국 나를 버틸 수 있게 하는 가장 큰 힘은 재미다. 모두에게 콘텐츠를 베이스로 무언가를 꾸준하게 만드는 삶을 제안하고 싶다. 내 주변에 영화와 관계없는 친구들을 보면 미친 듯이 카메라 렌즈를 사고 미친 듯이 사진을 찍어 페이스북에 올린다. 우리는 결국 뭔가를 만들고 게시하지 않으면 안 되는 운명이 아닌가. 그렇다면 어느 정도는 이것을 자신의 일과 진로에 연관시켜보는 것도 재미나지 않을까.

영화는 밤 기차와 같다

|

내가 어떻게 버티느냐의 문제는 결국 소비하는 문제로 귀결된다. 생활 자체를 단순하게 살다 보면 맞춤형으로 정확한 소비를 하게 된다. 영화인들의 가장 큰 아이러니가 바로 소득수준은 낮으면서 입맛은 고급이라는 점이다. 이 아이러니를 어떻게 해결하느냐. 전국을 다니면서 쌓아온 노하우를 통해 해결한다. 아주 간결해야 한다. 소비를 사회적 기준에 맞추지 말고 간결한 삶을 추구하다 보면 저절로 답이 나올 것이다. 창작자로 출발할 때는 소득 같은 것을 염

두에 두어서는 안 된다.

마지막으로, '영화는 밤 기차와 같다'는 말을 하고 싶다. 필름 세대가 아닌 요즘 세대에게는 와 닿지 않는 말일 것이다. 카메라가 돌아가는 메커니즘과 영사기가 돌아가는 메커니즘이 똑같다. 결국은 들어온 빛을 다시 빛을 통해 내보내는 것이다. 프랑수아 트뤼포는 '멀리서 보면 밤 기차의 창이 필름의 프레임과 같다'는 말을 했다. 예전에 굉장히 감동을 받은 구절이다. 지금도 항상 이미지의 원형을 필름에 두고 있다. 그래서 밤 기차에는 영화가 가지고 있는 가장 근원적인 요소, 즉 봉인된 시간을 융화시키는 힘이 있는 것 같다. 영상에 관심이 있는 사람들은 다양한 영상의 방식을 접해보기 바란다. 영상에 관심이 없는 사람이라도 내 시행착오들이 도움이 되었으면 좋겠다.

Q&A

Q 시나리오를 써본 적이 있다. 처음에는 아이디어가 괜찮은 것 같았는데 쓰다 보니 한계가 보이고, 스토리를 짜맞추다 보니 비약이 있어서 수정했다. 결국 결과물은 되게 상투적이고 흔히 볼 법한 이야기로 바뀌고 말았다. 자괴감이 들었다. 시나리오를 쓰면서 그런 것을 어떻게 이겨내나?

A 몇 년 전까지는 대기업이 시나리오를 평가하는 그린라이트 제도가 있었다. 일곱 명이 전부 그린라이트를 켜야 투자가 성사되는 방식이다. 이때 점수는 신별로 매긴다. 신을 계량화하는 것이다. 1000만 관객이 봐야 하니까, 1년에 영화를 한두 편 보는 아저씨들도 봐야 하니까. 그런데 시나리오를 쓸 때는 스토리와 플롯을 구별해야 한다. 할머니들이 자신의 얘기를 소설로 쓰면 책 세 권 분량은 나온다고 말하곤 한다. 하지만 실제로는 그렇지 않다. 왜일까. 스토리만으로는 소설이나 영화로 옮겨지지 않는다. 플롯을 만들 때는 인과관계를 봐야 한다. '왕이 죽었다. 왕비가 죽었다.' 이건 스토리다. '왕이 죽었다. 그래서 슬퍼하다가 혹은 기뻐하다가 머리를 천장에 부딪쳐서 왕비도 죽었다.' 이런 게 플롯이다. 그래서 인과관계가 어떻게 되는지 봐야 한다. 스토리라는 재료를 골라 플롯을 만들어야 시나리오가 된다. 글이 재미

없다면 플롯을 만들어 인과관계에 맞게 배열해보면 도움이 될 것이다.

Q 다큐멘터리 시나리오는 다른 영화와 어떻게 다른가?

A 다큐멘터리에도 초고가 있다. 대부분 심사와 경쟁을 거쳐 공적 지원을 받아야 하므로 극영화처럼 신을 나열하진 않고 10~20페이지의 구성안을 흐름에 맞게 배열한다. 이때 구글 링을 활용한다. 언어는 모르더라도 번역기를 통해 키워드를 입력할 수 있다. 그걸 통해 구체성을 가지고 나름대로 배열 하고 구성하는 것이다. 사실은 약간 사기에 가깝다. 하지만 맥락은 극영화와 똑같다. 자료를 구하기 위해 인터뷰를 하면 서 최초에 생각했던 아이디어가 얼마나 터무니없는지, 혹은 좋았는지 느낄 수 있는 것이다.

Q 배우를 선택할 때 어떤 것을 가장 중요하게 보나?

A 대부분의 한국 영화는 1순위부터 12순위까지 배우 리스 트를 만들어서 시나리오와 함께 준다. 최근에 찍었던 1억짜 리 저예산 영화들의 경우, 물론 어느 정도 캐릭터도 맞아야 했지만 스케줄과 노개런티의 가능성도 굉장히 중요하게 생 각했다. 그래서 저예산 영화를 찍을 때는 배우 선택에 한계 가 따른다. 내가 생각한 만큼 구현해줄 수 없으니까. 그런 점

에서 저예산으로 가장 뛰어나게 배우들을 쓰는 감독은 신연식 감독이라고 생각한다. 연극배우들을 잘 배치해서 오랫동안 같이 팀으로 활동하며 계속 출연시키는 것이다.

나의 힘은
무식함에서
나온다

김언경
_민주언론시민연합 사무처장

나는 어떠한 목표나 취지 없이 대학에 입학했다. 사실 부모님이 연로한 탓에 취직이나 공부보다는 결혼을 당부했고, 나도 별생각 없이 남들이 가니까 따라가는 식으로 대학 생활을 시작했다. 1986년은 대한민국에 민주화 운동이 한창인 때였다. 나는 학생운동을 열심히 하지는 않았다. 기껏해야 학우들을 따라 시내에서 시위를 따라다니는 수준이었다.

그러다가 졸업 즈음에 어머니의 주선으로 선을 보러 다니면서 이렇게 그냥 부모님 맘에 드는 사람과 결혼해야 한다는 생각에 서글퍼졌다. 뭔가 결심을 해야 한다는 생각이 들었다. 그래서 졸업 직후 방 안에 세 개의 글귀를 담은 대자보를 붙여놓았다. 첫째, 경제적으로 자립하자. 둘째, 변절하지 말자. 셋째, 결혼하더라도 꿈을 잃지 말자. 지금 회상해보면 유치하지만 당시에는 나름 비장했다.

졸업 후 회사에 다니면서 '운동적 활동'을 계속하려면 소속이 있어야겠다고 생각했다. 혼자 생각만 하면 안 된다고 느꼈던 것이다. 사람도 만나고 활동도 하고 후원도 할 곳을 찾아보았다. 여러 단체들을 알아보고, 구경 삼아 다녀보았다. 그리고 나의 수입 일부를 분배하여 어느 단체에 내야 할지 정했다. 내가 가장 열심히 활동했던 곳이 민가협 양심수후원회와 민주언론시민연합이다.

만델라를 능가하는 최장기 수감자가 우리나라에 있고, 그들이 출옥 후에도 생활고를 겪는다는 사실을 알고는 조금이나마 함께하고 싶다는 생각에 민가협 양심수후원회를 후원하게 되었다. 그러면서 지금은 북한으로 돌아간 '비전향 장기수'들과 친구(?)처럼 인연을 맺었다. 또한 단체 소식지의 편집부 일을 맡아 양심수와 민가협 어머니 등을 인터뷰했다.

당시 '언협'이라 칭했던 민주언론시민연합과는 1992년에 인연을 맺었다. 〈한겨레〉 지면에 실린 광고를 보고 '언협 언론학교'에 다니게 되었다. 강좌가 끝난 뒤에는 사람들과 민언련 신문모니터위원회를 만들고 선거보도감시연대회의 등 다양한 신문 비평 활동을 시작했다. 그 시절이 내 인생에서 가장 열심히 살았던 순간이었다. 회사에서 퇴근하면 무조건 민언련에 가서 신문을 읽었다. 지금은 인터넷이 있지만, 당시에는 종이 신문밖에 없었기 때문에 민언련에 있는 신문 대여섯 개를 읽곤 했다. 그러고는 1주일에 한 편씩 보고서를 발표했다.

언론과 인권의 교집합

민언련 회원 활동은 첫아이가 돌잔치를 할 무렵 중단되

었다. 회의에 늘 아이를 안고 나가야 하는 것이 다른 사람들에게 불편함을 준다는 생각, 아이에게 미안하다는 생각이 들었기 때문이다. 이후 나는 〈동아일보〉 독자모니터, SBS 모니터 등 여러 가지 '돈 받고 하는 모니터'를 하면서 지냈다. 둘째를 낳고 키우던 어느 날 국가인권위원회에서 일하는 분께 도와달라는 요청을 받았다. 국민의 인권 의식이 높아지려면 언론이 달라져야 한다면서 '언론 인권 가이드라인'을 함께 만들어보자는 것이었다. 비록 비정규직이었고, 중간중간 다른 일을 하기도 했지만, 인권위원회 활동은 나의 삶에 큰 변화를 주었다.

나는 국민의 인권 의식을 고취하기 위해 언론이 어떤 역할을 해야 하는지, 이를 위해 국가인권위원회가 무엇을 해야 하는지 알아봤다. 언론 가이드라인이란 것이 도대체 어느 나라에 있는지, 우리나라의 언론 관련 모니터링은 어느 정도 연구가 되어 있는지도 살펴봤다. 그 과정에서 당시 국내에 있는 언론 시민단체의 인권 모니터링이 거의 제대로 되지 않고 있다는 것을 알게 되었다. 당시에는 언론 인권 가이드라인을 만드는 것이 시기상조이며 예산도 부족하다는 결론이었기에 별다른 소득 없이 나는 인권위를 그만두었다. 그러나 이후 국가인권위원회는 '시민단체 협력사업' 등의 형태로 분야별 인권 관련 모니터링을 수집하기 시작했다. 인권위는 여러 연구 결과를 토대로 2008년 한국기자협회와 〈인권보도준칙〉을 제정하게 되었다. 나는 이 과정에서도 초안과 실천 매뉴얼을 만드는 데 일조했다.

인권위 활동은 정치적 이슈에 대한 언론 모니터링밖에 몰랐던 나에게 새로운 가치와 욕구를 불러일으켰다. 인권위에서 일하면서 언론과 인권의 교집합을 연구하는 사람이 거의 없다는 사실을 알게 되었다. 언론에는 항상 사람의 얘기가 들어가고 당연히 인권과 관련된 수많은 내용이 나온다. 그런데 이상하게 그 주제를 연구하는 사람이 없었다. 당시 나는 '언론 인권 가이드라인'이라는 프로젝트를 수행할 사람이나 단체를 알아봤지만, 믿을 만한 곳이 없었다. 당시 내가 보기에 언론 전문가는 인권을 모르고, 인권 전문가는 언론을 몰랐다.

나는 그 '틈새시장'을 남들보다 조금 먼저 느꼈고, 그곳에서 내 역할을 찾고 싶었다. 특히 인권 모니터링을 제대로 하는 시민단체가 없다는 생각에 내 '친정' 같은 민언련으로 돌아가기로 했다. 처음에는 민언련에서 한시적으로 인권모니터팀을 만들겠다고 해서 함께했고, 이후 '주부모니터분과'를 함께했고, 다음에는 청년들과 함께 '방송모니터분과'를 시작했다. 내 나이 서른네 살 즈음이었다.

나의 힘은 무식함과 성실함

나의 가장 큰 힘은 '무식함'이다. 나는 문헌정보학을 전공했고, 신문방송학과 관련된 어떤 공부도 체계적으로 해본 적이 없다. 민언련에서 언론 모니터를 하면서 나는 늘 언론이 이래도 되는 것인지, 언론은 어떠해야 하는지 하나하나 밑바닥에서부터 찾아봐야 했다. 게다가 세상만사, 정치, 경제, 사회 등 모든 분야에 대해서 무식하여, 애초 어떤 보도가 나왔어야 하는지조차 잘 몰랐다. 늘 답답했기에 이 것저것 찾아보고 내 나름대로 이해하려고 노력했다. 한마디로 나는 늘 '무식을 무기 삼아' 열심히 공부했다.

이런 이야기를 하는 이유는 사실 간단하다. 이따금 언론 관련 직종에서 일하려 하거나 처음 발을 내딛는 사람들이 나에게 조언을 구하곤 한다. 나는 모든 사람이 나와 같지 않기에 괜히 섣부른 조언은 부적절하다고 생각한다. 하지만 이런 조언은 해줄 수 있다.

나는 이른바 좋은 대학을 나오지 않았고, 취업을 생각하지 않았기에 열심히 공부하지도 않았다. 게다가 내 전공과 상관없는 민언련에서 일하고 있다. 그러다 보니 늘 전문성이 부족하다는 콤플렉스를 가지고 있다. 내가 지금껏 거쳐온 모니터 요원이나 자료조사원, 언론바로보기 강사, 방송

진행, 인권위 일까지 대부분이 비정규직이었다.

하지만 내가 받는 월급이나 내가 처한 신분으로 나의 가치와 활동을 판단하지 않으려 노력했다. 괜한 자존심일 수도 있다. 하지만 나는 내 일이 중요하다고 생각하기에, 또 그 일을 하기 위해 그곳에 있는 것이기에 신분이나 월급으로 나를 규정짓지 않으려 했다. 출입증도 주지 않는 1년 계약직으로 일했지만, '언론 인권'이라는 화두를 위해 인권위가 어떤 일을 해야 할지에 대해 나처럼 열심히 고민한 사람은 없었다.

이런 말을 하다 보면, 나는 그저 '워커홀릭'일 뿐이라는 자괴감도 든다. 이런 말을 하면 '육이오 때' 이야기를 하는 전형적인 '꼰대'로 보일 수 있음도 안다. 하지만 나는 감히 말한다. 어디서 무엇을 하든, 알바를 하든, 자원봉사를 하든, '제대로 하라'고. 어디서 무엇을 하든 그곳에서 내가 주인이 되어 내가 고민하면 결국 그 성과는 나에게 쌓인다. 그리고 그 속에서 좋은 사람도 많이 만나며, 인연이 또 다른 인연을 만들어준다.

얼마면 돼?

I

민주언론시민연합은 1984년에 '민주언론운동협의회'

라는 이름으로 발족했다. 유신 시대 해직 언론인들의 모임인 동아투위와 조선투위, 1980년에 해직된 언론인들과 당시 '금서'라고도 했던 여러 사회과학 책을 만드는 출판인들의 모임 등이 만든 단체다. 민언련에 대해 자랑할 것은 너무 많다. 하지만 그중 가장 중요한 것은 1992년 이후 모든 선거에서 선거보도감시를 단 한 번도 게을리하지 않았다는 것이다. 나는 민언련이 주어진 상황에서 항상 최선을 다한 단체라고 자부한다. 우리의 자부심은 원로 언론인들에게서 나온다. 그들은 대한민국 언론을 위해 의미 있는 투쟁을 하다가 수많은 고초를 겪은 대단한 사람들이다. 특히 우리나라 언론사에 한 획을 그을 '보도지침'을 폭로했고, 〈한겨레신문〉을 창간했다. 나는 민언련에 이런 어른들이 계신다는 것에 무한한 자부심을 느낀다.

나는 언협에 1992년에 들어갔다. 처음 발을 들인 계기는 내 남편이다. 당시 남자친구였던 남편은 '환경 문제든 교육 문제든 언론이 바뀌지 않으면 해결되지 않는다. 언론 운동이 가장 효과적이다'라고 말해줬다. 당시 언협은 처음으로 시민 회원을 받아들이고 있었다. 그전에는 시민사회단체라기보다 해직 언론인들이 모여 〈말〉이라는 잡지를 만드는 곳이었다.

민언련의 운영자금은 시민들의 회비다. 내가 〈파파이스〉

에 출연해서 이름을 알리기 전에는 회원 수가 1200명 정도였고, 회비도 월 1200만 원 정도였다. 우리는 그 금액으로 사무실을 유지하고, 활동가의 월급을 주고, 모든 활동을 해결했다. 재정은 늘 힘들었다.

민언련 사무처장을 하면서 가장 힘든 것은 내가 악덕 고용주가 되어간다는 것이었다. 활동가 처우는 늘 열악했지만 나는 늘 일을 많이 시켰다. 그나마 나는 남편이 직장에 다녔기 때문에 월급이 적어도 크게 문제 되지 않았다. 하지만 민언련 월급만으로는 가정을 꾸리고 자부심을 갖기엔 매우 부족하다.

이렇게 처우는 부족하면서 일은 정말 많이 시킨다. 그것도 '실수하면 큰일 나는' 일을. 대충해도 스트레스 받는 모니터를 꼼꼼하게, 완벽하게 해내야 한다. 전문가도 아니면서 온갖 사안을 모니터링하고 비평해야 하니 공부도 많이 해야 한다. 그러니 활동가들은 오래 붙어 있지 못하고 자주 떠난다. 사실은 나 자신도 그런 사람이었다.

그러다가 김어준 씨가 진행하는 〈파파이스〉에 출연하게 되었다. 김어준 씨는 종편을 모니터링해서 〈파파이스〉에 출연해달라고 했다. 나는 돈이 없어서 못한다고 했다. 김어준 씨는 '얼마면 돼?'라고 물었고, 나는 한참 망설이다가 소심하게 400만 원을 제시했다. 그걸로 어떻게 모니터링을 하냐고, 정말 그걸로 되냐고 김어준 씨가 물을 때마다 내 답변은 800만 원, 1200만 원으로 올라갔다.

실제 종편을 모니터링하는 데는 그 이상의 비용이 필요했다. 방송을 다운로드받아 여러 사람이 봐야 하고 그들의 의견을 엮을 활동가도 필요했다. 김어준 씨는 회비 1만 원을 내는 회원 1200명을 3주 안에 모아주겠다고 큰소리를 쳤다. 나는 허세를 부린다고 놀렸다. 민언련이 1200명의 회원을 모으기까지 30년이 걸렸는데, 어떻게 3주 안에 1200명을 모아준다는 것인지.

그런데 〈파파이스〉에서 '종편때찌' 프로젝트를 계획하고 있다며 회원 가입을 부탁하는 방송을 내보낸 다음 날 아침, 300명이 회원으로 가입했다. 저녁 7시쯤 업로드된 팟캐스트를 보고, 하룻밤 사이에 300명이 가입한 것이다. 그렇게 민언련 회원은 한 달도 지나지 않아 6000명가량으로 늘어났다. 김어준 씨는 나에게 귀인인 셈이다. 덕분에 활동가의 월급도 올려주었고 야근수당과 주말수당도 챙겨줄 수 있게 되었다.

언론의 자유를 위해, 인권을 위해

민언련 활동 중에 가장 기억에 남는 것이 무엇이냐고 물으면, 두 가지가 떠오른다.

우선 2008년 KBS 정연주 사장이 이명박 정부에 의해 쫓겨났을 때다. 그때 나는 민언련에서 외부 연대 단체로 파견 나가 있었다. 언론 단체들이 '방송 장악·네티즌 탄압 저지 범국민행동'이라는 연대체를 만들었고, 나는 거기서 공동 사무국장을 맡고 있었다. 당시 나는 설마설마했다. '트집 잡을 것도 없고 임기도 남은 사장을 아무리 이명박이라 하더라도 설마 강제로 쫓아내기야 하겠어?'라고 안이하게 생각했던 것이다.

하지만 분위기는 매일매일 달라졌다. 매일 KBS 앞에서 촛불 집회를 했다. 처음에는 100명 정도의 시민들이 모였는데 나중에는 KBS 사옥 앞을 꽉 채울 만큼 많은 시민들이 모이기도 했다. 당시 유모차부대, 촛불자동차부대 등 많은 네티즌이 자발적으로 활동을 시작했고, 그들에 대한 고소 고발이 이루어졌다. 우리는 이에 대한 대응도 도와주었다. 민언련에서 신문과 방송만 들여다보던 것과는 달리 나는 많은 시민을 만나면서 새로운 힘을 느꼈다. 그들을 지원하고 조직했다.

힘든 시기였다. KBS 정연주 사장도, YTN 노종면 기자도 쫓겨났고 싸움은 늘 패배로 끝났지만, 언론에 불만을 가진 사람과 언론이 중요하다고 느끼는 사람이 이렇게 늘어난다는 것에 희망을 갖기 시작했다.

두 번째로 기억에 남는 일은 인권위 프로젝트로 진행한 아동인권 모니터링이다. 우리나라 방송에서 아동을 어떻게 다루고 있을까 궁금해서 시작한 일이었다. 모니터링을 위해 KBS, MBC, SBS가 제작한 시사 프로그램, 뉴스, 예능, 드라마 등 모든 방송을 찾아보았다. 모니터링해야 하는 양이 어마어마해서 고생을 했다. 모니터링 결과 우리나라 방송은 아이들의 인권에 거의 신경 쓰고 있지 않았다.

후원을 받기 위한 다큐 프로그램에 아이들이 많이 나온다. 그런데 그런 방송에서는 자극적인 장면을 자주 내보내며 아이들의 인권을 침해하는 일이 많다. 포르노에 가깝다는 이야기를 들을 정도다. 아이들의 가난하고 끔찍한 상황을 적나라하게 보여주는 행태는 참 충격적이었다. 선한 의도로 만든 프로그램이 왜 이럴까 싶었다.

예를 들면, 〈아름다운 비행〉이라는 SBS 프로그램에 장애 때문에 살이 많이 찐 여자아이가 나왔다. 부모 없이 할머니가 키우는 아이였다. 아이는 살이 쪄서 거동이 힘들다 보니 화장실에 볼일을 보러 가지 못하고 할머니가 양동이를 가져다주었다. 그런데 방송은 그 아이가 양동이에 볼일 보는 장면을 여과 없이 송출해버렸다. 카메라에 찍힌 여자

아이는 무기력하게 울었다. 나는 그 장면을 보며 미쳤다고 생각했다. 그 가정에 돈을 얼마나 후원해주건 간에 방송이 어떻게 이렇게까지 아이를 사람으로 보지 않을 수가 있나 싶었다. 할머니가 손녀를 그렇게 대하는 장면을 모두 보여주는 것이 정말 옳은 일일까? 게다가 아이가 양동이에 볼일 보는 장면을 촬영 스태프들은 직접 보았다는 것인데. 그 아이는 정신지체도 아니었고, 그저 몸이 불편할 뿐이었다. 그 프로그램을 보고 굉장히 속이 상했다. 보이콧운동을 해야 하나 고민까지 했다. 여성과 아동에 대한 인권 모니터링은 반드시 필요하다. 너무나도 몰상식한 일들이 방송에서 벌어지고 있기 때문이다.

종편 비판

ㅣ

종편은 단순히 정치적으로 보수적인 매체이기에 나쁜 것이 아니다. 종편이 나쁜 이유는 저급하게 보도하기 때문이다. 시사 토크쇼도 비논리적인 근거를 사용해 토론의 질을 떨어뜨린다. 종편이 국민을 우민화시키려 한다고 생각한다.

가장 나쁜 점은 왕따 문화를 만드는 것이다. 소수자를 폄훼하는 발언을 일삼고, 의견이 다른 패널은 한심한 사람으로 비아냥댔다. 예를 들면, 롯데에서 경비 일을 하던 노동자가 자살을 했다. 수당을 제대로 받지 못했기 때문에 자신은 죽어도 가족에게 못 받은 수당을 달라는 유서를 남겼다. 그런데 종편 토크쇼에서 그 노동자에게 손가락질을 하는 것이었다. 다른 사람의 삶을 너무 쉽게, 함부로 말했다.

또 동성애자나 여성 등 소수자에 대해 굉장히 상스러운 표현을 많이 쓴다. 시청자들이 그런 표현에 익숙해지면 문제의식이 없어지고 인권 감수성을 잃어버리게 된다. 그런 점이 종편이 가장 비판받을 일이라고 생각한다.

Q&A

Q 세월호 이후 재난에 대한 보도윤리에 대해 묻고 싶다.

A 사실은 재난 보도 가이드라인이 없어서 세월호 보도가 그랬던 것은 아니라고 생각한다. 솔직히 말해 재난 보도 가이드라인이 '너무 잘되어 있으면' 세월호처럼 보도되는 게 아닐까 생각한다. 다시 말해 재난 보도 가이드라인에서 정부가 주는 확인된 보도만 받아쓰라고 하면, 오히려 세월호 보도같이 되는 게 아닐까 생각한다. 일본도 가이드라인이 상당히 잘되어 있다. 그래서인지 지진 발생 후 보도 통제가 효율적으로 이루어졌다. 하지만 일본 언론은 원전의 위험성 같은 것은 제대로 전달하지 못하는 것 같다. 정부 통제가 너무 잘되는 것이다.

재난 보도에서도 인권은 분명히 지켜져야 한다. JTBC에서 세월호 생존 학생에게 '친구의 사망 소식을 들었냐'고 물은 것, SBS에서 가족이 모두 실종된 채 혼자 구조된 여섯 살 아이의 인터뷰 영상을 내보낸 것, 〈뉴시스〉에서 단원고를 찾아가 세월호 희생 학생의 일기장이 책상에 놓여 있는 사진을 찍은 것, MBC에서 사고 첫날 밤에 보상금 얘기를 꺼낸 것 등 기가 막힌 일이 많았다. 그러나 이런 것은 재난 보도 준칙이 아니어도 상식 수준에서 보도하지 말아야 할 내용이라고 생각한다.

세월호 보도의 핵심 문제는, 사실 구조하지 않으면서 구조 중이라고 거짓말을 한 것이었다. 모두가 알고 있는 사실을 언론에서 얘기해주지 않았다. 나는 이게 단순히 준칙의 문제는 아니라고 생각한다. 기자들은 현장에 가지 않아서 전혀 몰랐다고 한다. 그러니까 팽목항에조차도 가지 않고 진도체육관 근처만 왔다 갔다 하면서 보도했다는 것이다. 재난 보도 가이드라인은 꼭 필요하지만, 세월호 보도를 통해 당장 손볼 것은 가이드라인만은 아니라는 생각이 들었다.

Q 신입 기자를 많이 만나봤을 것이다. 어떤 점들 때문에 그들이 취업에 성공한 것처럼 보이나?

A 사실 민언련을 찾는 친구들은 대부분 기자 지망생이다. 그 중 많은 수가 실제로 기자가 되었다. 그들을 보면서 느낀 것은 우선 실력이 있어야 한다는 것이다. 신문기자라면 우선 글이 쉽게 써져야 한다. 글을 쓰기 싫은 사람은 기자가 되면 안 된다. 책상에 앉으면 숨이 막히고 아무것도 할 말이 없는 사람들은 당연히 안 된다. 단순히 취업에 성공하려면 그런 스터디를 열심히 하고 준비를 많이 해야 한다. 나는 민언련을 찾은 친구들한테 모니터링이 말하는 데 굉장히 도움이 된다고 말해준다. 그러니까 우리가 쓰는 보고서도 일종의 기사다. 언

론 비평 기사다. 그리고 보도 비평을 하려면 계속 공부를 해야 한다. 그렇게 1~2년을 공부하면 웬만한 사안에 대해선 할 말이 생긴다. 그렇게 내가 쓸 수 있고 말할 수 있는 아이템, 약간 깊이 있게 토론할 수 있는 아이템이 20~30개는 있는 사람이 기자가 된다. 단순히 글 쓰는 연습만 하지 말고 다른 것도 해야 한다. 나같이 민언련에서 언론 모니터를 한다든가, 아니면 아예 시민기자로 활동한다든가. 스스로 대안 매체를 만들어보는 것도 도움이 된다.

내가 아는 친구는 꼭 〈시사인〉 기자가 되고 싶다고 했다. 〈시사인〉이 아니면 안 들어간다고 했다. 그런데 〈시사인〉은 기자를 가끔 뽑았다. 후배는 4수쯤 하면서 계속 알바를 했다. 우리는 걱정을 했다. 왜 저렇게 사는지. 하지만 그는 하나도 불안해하지 않고 공부와 알바를 병행하다가 결국 〈시사인〉에 들어갔다. 최근 민언련의 '좋은 보도상'을 그 친구가 받았다. 그 친구에게 어떻게 취업을 했냐고 묻자 그냥 대학 언론사에서 계속 글을 썼다고 했다. 그러다 〈시사인〉에서 기자를 뽑을 때 그동안 썼던 글들을 포트폴리오로 제출했다. 덕분에 좋은 평가를 받았다고 한다. 그냥 논술 공부를 하는 것보다는 다양한 활동을 하는 것이 더 좋다. 민언련 모니터분과 활동도 큰 도움이 된다고 자부한다.

실패하고 돌아온
중고 신인배우
김의성입니다

김의성_배우

나는 실패에 대해 얘기하고 싶다. 우리는 누구나 인생에서 굉장히 많은 실패를 경험하게 된다. 나도 남들 못지않게 엄청나게 많은 실패를 경험해왔고, 어쩌면 지금 이 자리에 있는 것도 그동안의 실패 덕분인지 모른다.

요즘은 더욱 팍팍한 시대라서 요즘 세대가 우리 세대보다 훨씬 더 실패를 많이 경험할 것이다. 그래서 앞으로 겪게 될 실패들에 대해 어떻게 대처하고, 또 거기서 어떤 교훈 혹은 희망을 얻을까 하는 얘기를 해보고 싶다.

행복은 성적순이 아니잖아요

|

나는 고등학교 때까지 공부를 꽤 잘했다. 그래서 대학도 서울대 경영학과를 갔다. 그런데 돌이켜보면 그게 내 인생의 첫 번째 실패였다는 생각이 든다. 고등학교 때는 역사를 공부하고 싶다는 생각을 많이 했다. 특히 한국 역사나 동양 역사를 공부하고 싶었다. 우리 때는 학력고사를 봤다. 그런데 어쩌다 점수가 너무 많이 나와버렸다. 어디나 갈 수 있는 점수였다. 그러자 그동안 '역사를 공부하면 괜찮을 거야'라고 말하던 부모님을 비롯한 주변 사람들이 '미쳤니? 무슨 역사를 공부해?'라고 나를 압박하기 시작했다. 나도 욕심이 생겼다. 그러다 '경영학과에 가면 앞으로 잘 살 거

라더라. 돈도 잘 벌고'라는 얘기를 듣고, 그냥 성적에 맞춰서 과를 선택했다. 대학에 들어가 1년은 교양 수업을 주로 받다가 2학년 1학기에 처음 전공 수업을 들었다. 곧바로 '아, 이건 내 길이 아니구나' 하는 생각이 들었다.

경영학 공부는 정말 나랑 맞지 않았다. 이건 실패라기보다 실수였다. 이런 실수는 많은 사람들이 저지르는 것이다. 어렸을 때부터 내가 정말 하고 싶은 것에 대해 더 많이 생각하고 더 정교하게 계획했다면 그런 실수를 하지 않았을 텐데.

내가 대학에 들어갔을 때는 전두환이 대통령이었다. 그래서 그때 대학에 가면 운동권이 되는 게 기본 수순 같았다.

대학에 가서 사회에 어떤 일들이 벌어지고 있는지, 1980년 광주에서 무슨 일이 있었는지를 배우면서 '그래, 나도 운동권이 되어야겠다. 공부도 재미없고'라는 생각을 했다. 그때는 시위를 하면 경찰들과 교문 앞에서 대치했다. 학생들은 길로 나가려 하고 경찰들은 막았다. 그래서 서로 마주 보고 서서 한쪽은 돌을 던지고, 한쪽은 최루탄을 쏘아댔다. 나도 돌을 좀 던졌다. 그렇게 몇 번 던져보고 나서 깨달았다. '아, 이것도 내 길이 아니구나.' 왜냐면 내가 육체적으로 힘이 좀 약했기 때문이다. 특히 팔 힘이 약해서 돌을 던지면 멀리까지 날아가지 않았다. 그래서 내 길이 아니라고 생각했다. 다시 '어떻게 해야 될까'를 고민하다가 우연히 대학교 연극반의 연극 공연을 보게 되었다.

지금은 대학 연극반에서 유명 작가들의 작품을 많이 공연하지만 당시에는 학생들의 창작극을 공연했다. 주로 사회의 모순이나 정치적인 비판을 담은 연극이었다. 내가 하고 싶은 얘기가 모두 담긴 듯해서 너무 좋았다. 특히 공연이 끝나고 다 같이 술을 마시고 노래를 부르는 것이 너무 재밌었다. 게다가 우리 과에는 여학생이 한 명밖에 없는 반면 연극반에는 여학생도 많고……. 결국 '그래, 이 길을 가야겠어'라고 생각하고 연극반에 들어가게 됐다. 연극을 하다 보니 학교 수업은 잘 안 들어가게 되었다.

연극반에서도 사회 현실에 대한 공부를 열심히 하고 사회과학 책도 열심히 읽어야 했다. 그런데 나는 게을러서 공부도 독서도 하지 않았다. 그러다 보니 선배들과 싸움도 하고 '어떻게 살아야 할지' 고민도 하고. 좀 늦은 나이에 방황을 했다. 결국 휴학과 가출을 감행하고 부산에서 신문을 돌렸다. 그러다가 군대를 갔다.

나는 누구? 여긴 어디?

ㅣ

제대하니 1987년이었다. 내가 복학하기 전에 선배들이 극단을 만들었다. 우리 학교 선배들과 다른 학교 선배들이 학교 밖에 극단을 만든 것이었다. 아현시장에 있는 어느 지하실에 조그만 연습실을 열었다기에 가보았다. 20대 중·후반의 선배들이 추리닝을 입고 체조를 하고 있었다. 배우 정진영 형도 거기 있었다. 나를 보더니 "잘 왔어. 이제부터 매일 와"라고 했다.

그때부터 4~5년간 매일 갔다. 복학은 했지만 공부는 하기 싫었기에 학교에 가는 대신 극단에 나가 연극 연습을 하고 공연을 했다. 당연히 공부하기 싫어서만은 아니었다. 1987년이면 전두환 시대가 끝나고 전국의 노동자들이 권리를 찾기 위해 노동조합을 만들고 마구 싸우던, 정말 부글부글 끓던 때였다. 우리도 거기에 맞는 연극을 만들어 파업 현장이나 대학교 집회에서 공연했다. 극장에서는 거의 공연하지 않았다. 말하자면 내가 사회에 하고 싶은 얘기들을 연극을 통해 하던 때였다.

그러다가 또 한 번의 실패를 하게 된다. 그때 우리 세대가 목표로 삼았던 나라들이 없어진 것이었다. 당시 많은 운동권 사람들이 우리 사회가 나아갈 목표를 사회주의 국가로 생각하고 있었다. 그것으로 매일 밤 술을 마시며 토론을 했던 기억이 생생하다. 세상에 아무런 영향도 주지 못하면서 우리끼리 싸우던 때였다. 그런데 하루아침에 소련을 비롯한 동구권 국가가 거의 다 무너져 내렸다. 그때까지는 그 국가들에 대한 정보가 거의 없었다. 그런데 그 실체를 보게 되었다. 전두환이 독재하던 우리나라와 다를 게 없었다. 그 국가들은 우리가 생각했던 이상적인 나라가 아니라 결국은 몇몇 엘리트가 대부분의 평범한 사람들을 착취하는 구조로 몇십 년 동안 돌아갔던 것이다.

그래서 너무 크게 좌절했다. 내가 살고 있는 현실에 발을 딛고 서서 어떻게 조금씩 바꿔나갈지를 계속 고민하는 편이 훨씬 더 나았을 텐데. 우리는 현실이 아닌, 이론 같은 것들을 중요하게 생각했던 것이다. 대부분 20세기 초·중반에 일부 국가에서 만들어진 이론으로 현실을 해석하려 했던 것이다. 그러다 이상이 무너지니 너무 쉽게 포기하게 되었다. 그게 되게 뼈아팠다.

27~29세 무렵 정신적으로 심한 방황을 했다. '취직을 해야 하나'라는 고민도 했지만 그건 아닌 것 같았다. 고민을 많이 하다가 '그냥 연극을 계속하자. 어찌 됐건 나는 배우가 재밌으니까'라고 생각했다. 그래도 직업으로 삼겠다는 생각은 하지 않았다. '그냥 열심히 연극을 하자.' 지금도 마찬가지지만 그때 연극을 하면 1년에 30만 원 정도를 벌었다. 그러니 그게 직업이 되기는 어려웠다. 그래도 열심히 연극을 해보자고 생각했다.

SBS 방송국이 생기고 그다음 해에 개국 특집 드라마인 〈머나먼 쏭바강〉을 만들었다. 베트남 전쟁을 다룬 그 드라마에 출연하면서 나는 직업배우의 길을 가기 시작했다. 그리고 영화도 하게 됐다. 당시는 서울대 출신이 배우를 한다고 하면 신기한 눈으로 보던 시절이었다. 그러다 보니 실력과 상관없이 대접을 받기도 했다.

그래서 첫 번째 영화이자 세 번째 작품에서 주연을 맡았다. 혼자 주연을 맡은 건 아니었지만. 그때 이경영 씨, 최진실 씨 등과 함께 〈엄마에게 애인이 생겼어요〉라는 영화를 찍었다. 그렇게 순조롭게 배우 생활이 풀리면서 좋은 역할들을 맡게 됐다. 하지만 결과는 그리 좋지 않았다. 엄청나게 나쁘지도 않았지만 뭔가 반응도 없었다. 큰 역할들을 맡기는 해도 임팩트가 있는 배우는 아니었던 것이다.

이게 나의 또 다른 실패였다. 그런데 지금 곰곰이 생각해 보면, 내가 너무 준비가 안 되어 있었던 것 같다. 나는 연기를 전문적으로 배우지도 않고 아마추어로 시작했다가 운이 좋아 배우의 길을 가게 되었고, 좋은 역할들도 맡게 됐던 것이다. 내적으로는 너무 준비되어 있지 않은데도 말이다. 어떻게 연기를 해야 될지 모르는 상황이었다. 뭔가 노력을 하고 싶은데 신기하게도 노력이 되지 않았다. 뭘 어떻게 노력해야 하는지조차 몰랐던 것이다. 연기를 어떻게 해야 하는지는 모르겠고 '너무 못한다'는 생각은 계속 들고……. 그 뒤로 5~6년 정도 더 연기 활동을 이어갔다. 그런데 여전히 내 안에서는 그 생각이 떠나지 않았다. '나는 연기를 못한다'는 생각이.

그래서 35세이던 1998년에 연기를 그만뒀다. 지금 생각해보면 좀 더 참고 버티면서 어떻게 돌파할지 고민하고 싸웠어야 하지 않았나 싶다. 하지만 그때는 어디론가 도망치고 싶었다. 그래서 그냥 쉽게 도망치면서 나는 '어디에 속해 있는 사람이 아니야'라는 생각을 꾸준히 했던 것 같다. '어딘가에 내가 속할 좀 더 좋은 곳이 있을 거야'라는 생각도 했다. 지금은 '내가 있는 곳에 속해 있지 못하면 도대체 어디에 속하겠어'라고 생각하지만 그때는 늘 현실에 불만을 품고 있었다.

베트남에서 살아남기
|

그냥 무작정 배우를 그만두고 무슨 일을 할까 고민하다가 지인에게 솔깃한 이야기를 들었다. 베트남에서 한국 영화가 엄청나게 인기 있다는 것이었다. 〈연풍연가〉라는 영화를 베트남에서 40만 명이 봤다는 것이었다. 지금 40만 명이라고 하면 별것 아니라고 생각할 수도 있지만 당시 한

국에서도 100만 명이면 대단하다는 소리를 들었다. 그래서 한국에서 영화를 사는 값을 알아봤다. 이미 지난 영화들이라 베트남 판권만 사는 경우 500만 원이면 충분했다. '500만 원에 영화를 사서 베트남에 팔면 떼돈을 벌겠는데?'라는 생각을 했다.

그래서 동업하는 친구와 영화를 사서 베트남으로 들어갔다. 일이 잘 풀려서 우리 영화를 극장에 걸기로 했다. 관객 한 명당 얼마씩을 받는 것으로 계약을 했다.

그런데 생각보다 극장이 너무 없었다. 하노이 같은 대도시에도 극장이 열 개 정도에 불과했다. 게다가 평일에는 한 극장에서 영화를 한 번밖에 상영하지 않았다. 주말에는 네 번씩 상영하지만 표 파는 아줌마가 집에 무슨 일이 생기면 그냥 가버리곤 했다. 그리고 베트남의 극장은 우리나라 극장처럼 건전한 곳이 아니었다. 당시만 해도 베트남은 사회주의적 성향이 강해 젊은이들이 갈 곳이 없었다. 그래서 젊은이들이 극장에서 데이트를 했다. 영화 상영 도중에 극장 불을 완전히 끄면 굉장히 재미있는 일이 많이 벌어졌기에 가족들이 함께 가는 공간은 아니었다.

그래서 도대체 "어떻게 관객이 40만이나 들어오지?"라고 했더니, "언제 40만이라고 했냐. 4만이라고 했지"라는 답이 돌아왔다. 알고 보니 나처럼 바보같이 사업에 뛰어드는 사람이 많았다. 그래서 베트남에서 사업을 하는 한국인 중에 10퍼센트만 성공한다는 말이 있었다. 열에 여덟은 너무 준비를 하지 않아 실패하고, 준비를 열심히 해온 두 명중에 한 명이 성공하는, 50퍼센트 정도의 성공률이었다. 나는 아무 준비도 못했던 사람에 속했다. 그래서 정말 막막했다. 그런데 영화를 사왔으니 그대로 물러설 수는 없었다. 어떻게든 장사를 해보자. '조금씩이라도 돈을 벌어보자. 이 영화로.' 그래서 영화들을 배급했다. 조금씩 돈이 되었다. 한두 명이 먹고살 정도의 돈은 되었다.

그런데 베트남에서 한국 영화가 잘된다는 얘기를 우리만 들은 게 아니었다. 너도나도 한국 영화의 베트남 판권을 사는 바람에 판권 값이 한 편당 5000만 원까지 올라갔다. 5000만 원. 답이 없었다. 그래서 '아, 이거는 할 수가 없는 일이구나'라고 생각했다. 그런데 영화 배급을 하려면 광고는 해야 했다. 그래서 호찌민TV라는 방송국에 가서 영화 광고를 하겠다고 하자 돈을 굉장히 많이 요구했다. 사람들이 TV를 하루 종일 보니까 광고비가 비쌌다. 그래서 'TV와 관련된 일을 한번 해볼까' 하는 생각을 하게 되었다. 내가 한국에서 방송이랑 영화 일을 했으니까 그 경험을 잘 살려볼 수 있을 것 같았다. 방송국에 찾아가 사장님을 만나게 해달라고 했다. 우리는 아무것도 아니었지만 당시 베트남에는 외국인이 드물었기 때문에 우리를 만나주었다.

당시 우리가 가져간 계획은 이런 거였다. 베트남 사람들이 한국 드라마를 굉장히 좋아했다. 베트남 드라마는 수준이 매우 낮았다. 그래서 그들은 정서가 비슷한 한국 드라마를 많이 봤던 것이다. 당시 베트남에서 일본 드라마도 방영했지만 인기는 없었다. 게다가 한국 드라마는 영상미도 있고 스토리도 좋았다. 그래서 '한국 드라마를 베트남에 파는 것도 영화를 파는 것과 같은 보따리장사니까 차라리 베트남 배우들과 같이 직접 드라마를 만들어보면 어떨까. 대신 대본은 한국 사람이 쓰고 한국의 기술진도 데려오는 거야'라는 생각을 했다.

그래서 방송국 사장을 만나 드라마를 제작하면 방영해줄 수 있는지 물어보았다. 그러자 그는 호주 사람도 영국 사람도 그런 제안을 했지만 아무도 드라마를 찍지 않았다고 했다. 그래서 우리는 계획서를 준비하기로 했다. 뿐만 아니라 〈순풍산부인과〉의 작가에게 20개의 대본을 써달라고 했다. 비싸지 않게 예전 것과 섞어서 시트콤풍으로. 그렇게 준비된 20개의 대본을 번역해서 20권의 책으로 만들어 갔다. 그러자 사장이 놀라면서 "같이 일하자. 너희는 큰돈을 벌 수 있을 것이다"라고 했다. 그게 2002년의 일이었다. 우리는 이제 '모든 걱정이 끝나고 큰돈을 벌 일만 남았다'고 생각했다. 하지만 그 드라마가 제작된 것은 2006년이었다. 과정이 너무 어려웠다.

아무리 협상을 해도 타결이 되지 않았다. 결국 2006년에 포기하겠다고 선언했다. 왜냐면 방송국에서는 우리에게 광고 시간도 제작비도 내줄 수 없다고 했기 때문이다. 결국 우리는 대본은 선물로 드리겠다고 하고 포기 선언을 했다.

그리고 '죽을까?'라는 생각을 하며 방송국을 나왔는데 다음 날 사장이 다시 불렀다. "우리 방송국에서 제작하겠다. 그런데 너희가 기술적으로 도와줘라. 광고는 못 주지만 다른 방법으로 돈을 벌 방법이 있으면 알아서 벌어봐라." 그래서 제작비도 광고도 안 주면 무엇으로 돈을 벌어야 할까 고민하다가 'PPL을 해야겠다'고 생각했다.

당시에 베트남에는 PPL이라는 개념이 없었고 한국에서도 초기 단계였다. 우리가 "그러면 드라마 안에 삼성 핸드폰도 넣고 코카콜라도 넣어도 되겠냐?"고 했더니 그들은 맘대로 하라고 했다. 그래서 방송 시간대도 나왔고 대본도 나왔기 때문에 외국의 PPL 사례를 공부해 제안서를 만든 다음 호찌민에 있는 다국적기업을 돌아다녔다. 로컬 기업들은 PPL 개념을 잘 모르지만 다국적기업은 다른 나라에서 해본 경험이 있었다. 그래서 코카콜라나 삼성, 엘지 등을 모두 돌아다녔다. 굉장히 힘들었지만 끈질기게 붙잡고 늘어져서 12개 기업의 PPL을 받아냈다. 그러자 큰돈은 아니더라도 몇 년간 졌던 빚은 갚을 정도의 돈을 벌게 되었다. 그래서 PPL을 노골적으로 드러내며 20편을 모두 찍었다.

애초에 그 드라마는 우리로 따지면 KBS2 TV에 토요일 저녁 8시 시간대에 들어가기로 되어 있었다. 진짜 좋은 시간대였다. 그 시간대는 시청률이 15퍼센트 이상 나왔다. 그리고 방송국에서 평가를 하기 위해 사장과 PD들이 드라마를 보더니 "너무 재밌다"고 했다. 너무 재밌으니 안 좋은 시간대에 가서 그 시간대를 살리라는 것이었다. 일요일 밤 11시에 드라마를 하라는 것이었다. 너무 막막했다. 왜냐하면 토요일 8시 방영을 조건으로 PPL을 계약했기 때문이다. 기업들에 다시 얘기했더니 "그럼 우리는 못하겠다, 돈을 줄 수가 없다"라고 했다.

결국 나는 도박을 걸었다. "일단 돈을 반만 주세요. 그리고 이 드라마가 시청률 15퍼센트가 넘으면 나머지 반을 주세요. 만약 15퍼센트가 안 나오면 받았던 돈도 돌려드릴게요." 하지만 가능성이 너무 없었다. 그래도 결국 한두 군데만 떨어져 나가고 방송을 시작하게 되었다. 그런데 정말 잘됐다. 원래 그 시간대는 시청률이 3퍼센트였는데, 우리 드라마의 평균 시청률은 20퍼센트를 넘었다. 마지막에는 시청률이 25퍼센트가 나왔다. '아, 이제는 고생이 끝나고 좋은 일만 남았다'라고 생각했다.

그렇게 성공했기 때문에 국내에서 주목을 받았다. '새로운 한류'로 방송에도 나오고. 'CJ미디어'라는 큰 회사에서 우리 회사를 사기로 했다. 우리는 돈을 많이 받고 회사를 팔았다. 우리가 그 회사에서 계속 일하는 조건으로. 당연히 우리 회사는 따로 자산이 있는 것도 아니고 오로지 사람들의 힘뿐이었기에 당연히 우리가 남아서 일을 해줘야 했다. 그래서 CJ미디어의 이름으로 일을 하면서 100부작 드라마를 만들었다.

100부작으로 길게 제작한 이유가 있었다. 베트남은 동시녹음을 하지 않았지만 우리는 동시녹음을 하고 싶었다. 동시녹음을 하면 퀄리티가 높아지니까. 그런데 호찌민 시에서는 오토바이 소리 때문에 동시녹음이 불가능했다. 그래서 외곽에 베트남 최초로 세트를 지었다. 실내 세트도 최초로 짓고, 오픈 세트도 최초로 짓고.

100부작 드라마도 보통 광고가 일고여덟 개 붙는 시간대에 들어가서 종영할 때는 30개가 붙는 대성공을 했다. 그런데 결과적으로는 회사가 망했다. 왜? 나는 드라마만 만들 줄 알았지 돈을 버는 모델에 대한 고민은 부족했다. 너무 순진했던 것이다. 사업적인 고민 없이 이상만 컸던 것이다. 그래서 제작비는 점점 더 많이 들어가고 회수하는 돈은 너무나 적어졌다. 게다가 방송국에서는 점점 나쁜 조건을 내걸었고 우리와 함께 일했던 CJ는 상속 문제로 해외 사업을 모두 축소해버렸다. 파트너도 잘못 골랐던 것이다.

그때 '아, 나는 사업을 하면 안 되는 사람이구나. 재미있는 아이디어는 굉장히 많이 낼 수 있지만 그 아이디어를 사업으로 만드는 것은 전혀 다른 이야기구나'라는 깨달음을 얻었다. 그리고 한국으로 돌아왔다.

내게는 아주 좋은 성공

지금껏 나는 실패에 대해 이야기했다. '실失' 자는 잃는다는 뜻이고 '패敗' 자는 진다는 뜻이다. 실패는 져서 무언가를 잃었다는 의미다. 그런데 안 좋은 일이 있으면 꼭 좋은 일도 있다. 사자성어로 새옹지마塞翁之馬라고 한다. 그러니까 '좋은 일이 나쁜 일이 될 수도 있고, 나쁜 일이 좋은 일이 될 수도 있다'. 그 말대로 힘든 일 안에는 좋은 일도 같이 들어 있는 것 같다. 좋은 일 안에는 위험 요소도 들어 있고. 나는 가장 소중한 시기인 10년간 연기를 하지 못하다가 40대 중·후반에야 작은 배역부터 다시 연기를 시작하게 되었다. 그렇게 조금씩 해나가는 상황이 답답하고 아쉬울 수도 있지만 '내가 그렇게 계속 꾸준히 연기해왔다면 지금처럼 행복할까?'라는 질문을 던져보면 쉽게 대답이 나오지 않았다.

나는 떠나 있었던 시간 동안 연기를 통해 돈을 버는 것의 소중함을 잘 알게 되었다. 계속 연기를 해왔다면 불만 많은 늙은 연기 선생님이 되어 있을 수도 있다. 하지만 나는 아직도 신인배우처럼 젊고 성장하고 있다. 또한 젊은 배우들과 잘 지내면서 마음 편하게 살고 있다. 엄청나게 큰 성공을 거두지는 않았지만 이게 내 인생에서는 아주 좋은 성공이다. 그전으로 돌아가고 싶지 않을 정도로 지금이 좋다.

살면서 크고 작은 실패를 겪더라도 거기서 뭔가를 잃어버렸다고만 생각하지 말고 그 안에서 뭔가 얻을 것이 있는지 살펴보라. 그리고 '나중에 시간이 지나고 나면 이 실패가 내게 좋은 양식이 될 수도 있다'는 마음가짐으로 의연하게 견디기를 바란다.

Q&A

Q 복귀 이후 굉장히 다작을 했다. 작품을 고르는 기준이 뭔지 궁금하다. 그리고 예전에 맡았던 인기 드라마의 악역과 굉장히 욕심이 나는 독립영화 쪽의 악역 가운데 어떤 것을 선택할 것인지.

A 작품을 고르는 기준은 몇 가지가 있다. 첫째는 일단 시나리오가 재밌어야 한다. 물론 시나리오만 믿을 순 없다. 시나리오가 되게 재밌는데 영화는 엄청 못 만들 수도 있다. 그래서 좀 믿을 수 있는 감독이 한다고 하면 아무래도 그쪽으로 끌리게 된다. 그다음에 가장 중요한 것은 내가 맡을 캐릭터다. 그 캐릭터가 신선한지, 작품에 중요한 영향을 미치는지, 주인공과 많이 만나는지가 되게 중요하다.

그다음 기준은 돈이다. 돈을 많이 주냐. 돈은 되게 중요하다. 나는 엄청난 예술을 하는 사람이 아니고 매일매일 현장에서 일을 하고 돈을 받아 쌀을 사고 밥을 지어 생계를 꾸려나가야 하는 생활인이다. 아는 사람들과 밥도 먹고 술도 마셔야 한다. 그래서 돈은 굉장히 중요하다. 누구든 이건 마음에 담아두어야 한다. 나에게 지불하는 돈은 그 돈을 주는 사람이 날 얼마나 존중하는가의 척도이기도 하다. '나한테 이런 좋은 뜻이 있으니까 적은 돈으로 뭘 해주십시오'라고 부탁하는 경우는 대개 나를 그만큼의 가치로 보는 것이다. '가족같이', '열정페이' 이런 것에 절대 속지 말고 아무리 작은 아르바이트를 하더라도 정해진 돈을 꼭 받아야 한다. 내가 그 돈을 못 받으면 그 사람은 그만큼 나에게 고마워하는 것이 아니라 그만큼 날 우습게 본다.

두 번째 질문에 대한 답은 만약 어떤 작품은 되게 대작이고, 어떤 작품은 좀 작은 영화지만 예술적으로 가치가 있다면 시간을 조정해서 둘 다 하겠다. 나는 아직은 성장하고 있는 배우다. 굉장히 감사하게도 쉰세 살에도 아직 성장을 하고 있다. 조금씩 좋아지고 있다. 돈도 조금씩 더 받고. 그래서 아직은 신인배우처럼 조금 더 좋은 조건의 영화를 더 많이 하고 싶다. 그리고 그게 조금 안정되고 나면 조금 독특한 나만의 선택을 해보고 싶다.

Q 연기의 원동력이 무엇이고, 왜 다시 연기를 시작했는지? 그리고 앞으로도 연기를 계속하기 위해서는 내면의 무언가가 필요한지 궁금하다.

A 연기를 다시 시작한 것은 깊은 절망 속에서 빛 같은 것을 보았기 때문이다. 아버지가 7년 전에 돌아가셨다. 베트남에서 힘들게 일하다가 돈이 떨어져서 한국에 들어왔다. 돈을 모아 다시 베트남으로 돌아갈 생각이었는데 아버지가 암에

걸리셨다. 특별히 할 일도 없었기 때문에 6개월 정도 아버지를 간병하면서 아버지랑 같이 지냈다.

아버지는 평범하게 평생 실패하면서 사셨다. 평생. 사업하면 망하고, 회사에서는 싸우고 나오고. 어머니가 고생하셨다. 아버지는 내게 기대가 크셨다. 어릴 때는 똘똘하고 공부도 잘하니까 매일 내게 잔소리가 많았다. 학교 다닐 때는 '공부해라, 공부해라', 대학에 들어가니까 '데모하지 마라, 데모하지 마라', 연극을 한다고 하니까 '죽을래, 죽을래', 내가 배우가 되고는 'PD들을 찾아다니며 술 같은 거라도 선물해야지. 너는 왜 아무것도 안 하냐' 하시면서 내가 제일 싫어하는 속물적인 요구만 계속하는 분이었다. 그래서 아버지랑 되게 벽이 높았다. 그런데 아버지가 돌아가시기 6개월 전쯤에 벽이 많이 없어졌다. 아버지를 더 이해하려 했다. 그리고 돌아가시기 전날 아버지가 나를 손짓해 병상으로 부르셨다. 그러더니 "야, 재밌게 살아라" 하셨다. '공부해라, 데모하지 마라' 같은 말을 평생 하던 분이 '재밌게 살아라' 하고는 다음 날 돌아가셨다. 그게 유언이었다. 나는 좀 황당하고 놀랐다. 충격이 컸다. 상가에 사람들이 찾아오면 나는 절을 했다. 그리고 손님이 없으면 가만히 앉아서 계속 그 생각을 했다. 그러다가 '재밌게 살아야겠다. 어떻게 재밌게 살까?'라고 생각했다. 문득 '연기를 다시 해야겠다'는 생각이 들었다. 아버지의 유언을 그렇게 해석했던 것이다. 하지만 다시 연기를 하겠다고 결심한다고 해서 연기가 자동으로 되는 것은 아니다. 누가 나를 써줘야 했다. 그래서 '다시 해야겠어'라고 결심을 하고 또 1년을 놀았다. 그런데 다시 하겠다고 결심하고 노는 것과 내가 어디에 속해 있는지 모르고 그냥 시간을 보내는 것은 너무 달랐다. 그 1년의 시간도 되게 좋았다. 덕분에 이렇게 다시 하게 됐다. 재밌게 살겠다는 힘이 있으니까. 사실 나는 내가 되게 좋은 연기자라고 생각하진 않는다. 그런데 재밌게 살겠다는 생각이 내 안에 있으면 계속 연기를 할 수 있을 것 같다.

Q 배우가 아닌 다른 길을 걸었다면 무슨 직업을 가졌을까?
A 어쩌면 사법고시 같은 것을 준비해서 지금쯤 우병우 같은 사람이 되어 있지 않을까? 내가 나쁜 검사나 국정원 직원 등의 역할을 할 수 있는 것은 내 안에 그런 요소가 있기 때문이다. 우병우 라인이었던 국정원 차장이 대학 시절 나와 제일 친한 친구였다. 같이 사회과학 공부도 하고 사회 현실에도 분노했다. 법대에 다니던 그 친구는 학교를 그만두고 공장에 가겠다고 하다가 어느 날 노동운동으로 사회에 기여하기보다는 '인권 변호사가 되어 사회에 기여해야겠어'라는 생각을 하게 되었다. 그래서 고시에 합격했고 사법연수원에서 되게 성적이 좋았다. 그는 일단 "검사를 하다가 변호사를 해

야겠다"고 했다. 그 친구가 지금 국정원에 가 있다. 그러니까 나랑 가까웠다가 멀어진 것이다.

〈더 킹〉에 나오는 정우성 씨 같은 검사를 만나면 저 선배는 멋있고 내게 권력도 줄 것 같고, 그래서 따라가게 되고, 그러다 보면 결국 저렇게 되는 것이다. 그러니까 항상 자신을 경계하고 좋은 사람들과 지내는 것이 중요하다.

Q 이제 악역이 질리지 않나? 다른 배역에 욕심은 없나?

A 이미지가 굳어지기 때문에 비슷한 배역이 들어오면 거절도 많이 했다. 그런데 내 선배 중에 굉장히 똑똑한 분이 계시다. 연기를 하는 분은 아니고 포토그래퍼다. 그분이 내가 다시 연기를 시작하고 비슷한 역할들을 조금씩 하자 이런 말씀을 해주셨다. "이미지가 고정되는 걸 두려워하지 마라, 고정된 이미지로 너에게는 복이 있으리라. 그리고 네 이미지가 충분히 고정되면 굉장히 똑똑한 감독은 너를 다른 방법으로 쓸 거다." 다행히 갈수록 똑똑한 감독이 많아져서 다른 방법으로 나를 쓰고 있다.

Q 배우라서 좋은 점과 힘든 점은 무엇인가?

A 나는 배우로 돈을 버는 게 굉장히 좋다. 거의 대부분이 좋다. 현장에서 일하는 시간도 너무 즐겁다. 힘든 점은 기억도

나지 않는 옛 친구가 전화하는 거? 한밤중에 전화해서 막 욕하는 거? 옆에 다른 친구들이 있어서 그러는 것이다. 욕을 하면 친한 것처럼 보이니까. 그런데 나는 그 욕을 먹으면서도 그가 누군지를 모른다. 그거 말고 배우는 진짜 좋다. 배우로 먹고살 수만 있으면 이만큼 좋은 직업도 없는 것 같다. 물론 인간으로서의 스트레스는 있지만 계속 발산하니까 좋다.

어떤 직업은 몸을 많이 쓰고, 어떤 직업은 뇌를 많이 쓰고, 어떤 직업은 감정을 많이 쓴다. 그런데 배우는 짧은 시간 동안 이 세 가지를 동시에 많이 쓴다. 그래서 아주 이상적인 직업이다. 먹고살 수만 있으면……

Q 배우의 입장에서 배우를 꿈꾸는 사람에게 해주고 싶은 말은?

A 웬만하면 하지 마라. 너무 확률이 낮다. 그런데 그건 직업배우로서 확률이 없다는 것이다. 나는 배우로서 돈을 버는 사람만 배우라고 생각하지 않는다. 직장에서 연극 활동, 동아리 활동을 하거나 아주 가끔 동창회에서 연극을 하거나……. 잘하든 못하든 상관없다. 아니면 직업배우를 지향하면서 계속 부정기적인 일들을 할 수도 있다. 그러면서 계속 배우의 꿈을 가지고 오디션을 보러 다니고 기회가 되면 작은 역할을 할 수도 있다. 그들 모두 배우라고 '자부심'을 가질 수 있고 아무도 그 자부심을 뺏어갈 수는 없다. 그런데 화려

한 직업으로서의 배우는 또 다른 이야기이기 때문에……. 어쨌든 연기는 정신 건강에 도움이 많이 된다. 취미로 그런 동아리 활동을 해보는 것도 좋다고 생각한다. 그런데 이 일을 전문적으로 하는 사람들은 엄청난 감수성과 재능을 가지고 있다. 이 일로 밥을 벌어먹고 살려면 그렇게 큰 기술들이 필요하다. 운도 좋아야 하고. 그래서 직업으로서의 배우는 좀 다른 이야기라고 생각한다.

'나'를 만나는
방법

김종휘_서울문화재단 대표

2000년 : 베스트셀러 작가의 파산

|

2000년대의 시대적 흐름을 알아보기 위해서는 책 한 권
이 필요하다. 바로 하와이에서 태어난 일본계 미국인 4세
로버트 기요사키의《부자 아빠 가난한 아빠》다. 2000년에
나온 이 책은 10년 동안 전 세계적으로 어마어마하게 팔린
베스트셀러였다. 당시 초등학생, 중학생, 고등학생, 대학생
모두가 그 책을 알고 있다고 해도 과언이 아닐 정도로 많은
사람들이 읽고 서로 권하는 분위기였다. 엄청난 인기로 인
해 초·중·고 권장도서로 등록될 정도였다.

누군가 "세상에 부자 아빠와 가난한 아빠 둘만 있다면,
어떤 아빠가 될래?"라고 묻는다면 당연히 부자 아빠가 되
고 싶어 하겠지만 월급만 모아선 절대 부자 아빠가 될 수
없다는 것이 책의 내용이었다. 그럼 어떻게 해야 할까? 부
자 아빠가 되기 위해서는 '대출을 받으세요. 대출로 주식,
부동산, 기타 등등에 투자해서 돈을 버세요. 부자는 그렇게
되는 겁니다'라는 것이 바로 이 책의 요지였다. 꾸준히 사
랑받은 결과 2006년에 또 다른 책이 나왔다.

바로《기요사키와 트럼프의 부자》(원제는 '우리는 왜 부자
가 되길 원하는가'다)였다. 이 책은 지금의 미국 대통령인 도
널드 트럼프와 기요사키가 공동으로 집필했는데, 제목에도

나와 있듯 우리는 모두 부자가 되길 원한다는 내용을 담고 있다. 이렇게 승승장구하던 기요사키는 2010년, 돌연 파산 신고를 하게 된다. 당시 기요사키의 자산은 900억 원쯤으로 추정되었다. 그런데 왜 파산 신고를 하게 되었을까?

기요사키는 이 책을 프로모션해주는 회사와 책 한 권당 인세의 일부를 지불하기로 계약했다. 하지만 기요사키가 계약을 어기고 돈을 지불하지 않았다. 그래서 회사가 법원에 소송을 걸어 기요사키에게 260억 원을 배상하라는 판결을 받아냈다. 그랬더니 900억 원이나 가지고 있는 기요사키가 인세를 주는 것이 아까워 파산 신고를 했던 것이다.

2001년 : 이상과 현실의 괴리

'여러분 부자 되세요~'라는 말을 다들 한 번쯤 들어보았을 것이다. 17년 전쯤 TV에 나왔던 광고 카피다. 2001년 새해 벽두부터 광고가 나오기 시작했다. 그래서 그해 설날의 새해 인사말도 많이 바뀌었다. '새해 복 많이 받으세요!'에서 '부자 되세요~'로. 백화점이나 가게 점원들도 손님한테 '부자 되세요~'라는 인사를 했다. 어디서든 이 인사말이 들렸다. 그만큼 모두들 부자가 되길 원했던 것이다. 그런데 이 말은 사실 신용카드 광고에서 나왔다. 신용카드도 어찌 되었든 대출과 똑같이 부채를 만드는 것인데 부자가 되라니 조금 모순적이라고 느껴진다.

사실 우리나라에서 신용카드는 특별한 소수를 위한 것이었다. 대표적으로 삼성카드는 처음에 삼성의 임직원들을 대상으로 신세계백화점에서만 쓸 수 있는 카드를 만들었다. 그게 신용카드의 시초가 되어 1970년대, 1980년대를 지나 오늘날 우리가 잘 알고 있는 신용카드 회사가 되었다. 그래서 그런지 예전만큼은 아니어도 카드에는 특정한 소수만을 위한 특수성이 조금 남아 있다. 왜냐하면 신용카드는 19세 이상의 경제력 있는 성인만 가질 수 있기 때문이다.

여기서 잠깐, 2016년에 우리 국민이 신용카드로 긁은 돈이 총 얼마쯤 될까? 700조 원이다. 정말 큰돈이다. 5만 원권이 2000장 있어야 1억 원이니 700조 원이라는 돈이 얼마나 어마어마한 액수인지 실감날 것이다. 과연 700조 원의 부채가 생긴 만큼 사람들이 행복해졌는지는 모르겠지만.

정부의 부채가 1400조니, 기업의 부채가 1200조니, 우리는 내 돈도 아닌 돈 얘기를 매일 뉴스로 접하며 살아가고 있다. '부자 되세요~'가 유행할 만큼 많은 사람들이 부자가 되고 싶어 하지만 막상 돈은 없고, TV에 나오는 돈의 액수는 실감나지 않고, 현실에서는 카드 빚으로만 느낄 수 있다니 얼마나 사람들의 가슴이 답답하고 먹먹할까?

2002년 : 돈이 많으면 과연 행복할까?

|

혹시 로또를 사본 적이 있는가. 로또는 2002년에 처음 시작되었다. 그때부터 온 국민이 주 1회 생방송으로 일확천금을 쫓기 시작했다. 2016년에만 로또 소비가 3조 5000억이었는데, 2002년부터 2012년까지 통계를 내보면 1등에 당첨된 사람이 10년간 3000명가량이었다고 한다. 3000명이 1등을 했다고 하면 많아 보이지만 계산을 다시 해보면 전 국민의 0.0007퍼센트에 불과하다. '벼락에 맞아 죽을 확률보다 낮은 수치'인 것이다. 그 3000여 명이 1인당 평균 21억 원 정도를 가져갔다고 한다.

여기서 '그럼 그 사람들은 부자가 돼서 행복했을까?'라는 질문이 중요해진다. 1등이 되어 부자가 되었으니 편하게 행복하게 살고 있을까? 개인적으로 나는 잘 모르겠다. 당첨금을 제일 많이 받은 사람은 어느 경찰관인데, 금액이 400억 원을 넘었다고 한다. 로또 한 방에 인생 역전한 그는 아무도 모르게 400억 원을 받고는 종적을 감췄다고 한다. 대부분의 로또 1등 당첨자들이 그렇게 돈을 받으면 어디론가 사라졌다. 그래서 그들이 잘 먹고 잘사는지, 얼마나 행복한지, 어떻게 사는지 아무도 모른다. 어디 아무도 모르는 낯선 곳에서 행복하게 지내고 있을지도 모르겠다.

돈이 있어 행복한 삶이라면, 왜 돈을 갖고 아무도 모르는 곳으로 잠적할까? 우리는 '돈이 있어도 행복하지 않을 수 있다'는 것을 알아야 한다.

2007년 : 사람보다 돈이 먼저?

ㅣ

이번에는 보험 광고 이야기를 하려고 한다. 한때 푸르덴셜생명보험 광고가 물의를 일으켰다. 남편이 죽었는데 보험금 10억 원이 있어 든든하다는, 그런 광고였다. 당시에 힘들게 일하던 40대, 30대, 20대들이 어떤 느낌을 받았을까. 광고를 보면 영상 속의 엄마는 젊고, 애도 아직 어리다. 영상만 봐서는 모르겠지만 일반적으로 생각하면 죽은 남편도 젊었을 것이다. 하지만 이 광고에는 남편의 사후 보험금 10억 원을 받고 굉장히 평화로운 장면들만 나온다. 왜 보험회사 광고에서 젊은 남편과 젊은 아빠가 죽은 가정을 평화롭다고 강조했을까? 보험회사 말로는 아버지는 없지만 10억 원이 있다는 것이었다. 더구나 광고에는 아주 젊은 라이프플래너가 등장한다. 요즘 말로 '훈남'이었다.

그걸 보고 사람들은 '저렇게 새 출발을 하는구나. 새 가정을 꾸리는구나'가 아니라 '남편, 아빠가 죽고 없어도 10억 원이 있으면, 보험이 있으면 새 출발이 되는구나!'라고 생각하게 되었다. 그 광고를 보면 사망보험금 10억 원을 가족 앞으로 해놓고 저세상으로 떠난 남편에 대해서는 일언반구도 하지 않는다.

전국의 가장들이 기분 나빠 했다. '괘씸하다! 우리는 어떤 존재인가!'라는 생각을 하게 된 것이다. 그래서 결국 물의를 빚다 광고를 바로 내렸다. 생각을 해보라. 아마 그 광고를 만든 기획사는 보험사 사장 앞에서 광고 안을 펼쳐 보였을 것이다. 사장은 마음에 들어 광고를 제작하게 하고 방송에 내보냈을 것이다. 하지만 개인의 행복이나 인간의 가치는 뒷전이고 오직 돈만 우선시했다는 것이 문제가 되어 결국 광고는 역풍을 맞고 내려갔다. 그리고 얼마 뒤 후속 광고가 나왔다.

후속작도 오래가지 못했다. 전작과의 차이점은 가족의 연령을 전부 상승시키고 아버지가 애니메이션으로나마 등장한다는 것이었다. 그리고 '영원히 살아 숨 쉬는 아버지'라는 내레이션 외에는 자막만 사용했다. 그러나 이 광고도 역풍을 맞았다. 이유는 아버지란 사람이 세상에 없는 장면만 넣었기 때문이다. 당시의 아버지들은 '자식들을 대학에 보내고, 여행도 보내고, 결혼도 시켰는데 뭐야?'라는 생각을 했다. 광고 1탄과 2탄이 달라지긴 했지만 아버지의 죽음으로 인해 보험금을 받는다는 것, 보험금으로 인해 행복한 삶을 사는 가족 속에 아버지는 없다는 본질은 바뀌지 않았다.

2000년대에 우리 사회는 그런 분위기였고, 그런 생각들을 했고, 그런 열망들을 가지고 있었다. 그리고 돈이 있으면 행복해진다는, 돈이 위주인 분위기가 지금은 좀 달라진 것 같지만 여전히 우리가 살아가는 이 세상의 기초를 이루고 있다.

2008년 : 믿었던 돈의 붕괴

I

이제부터는 〈빅쇼트〉(2015년)라는 영화에 대해 말하려고 한다. 이 영화는 사람들에게 초점이 맞춰졌을 뿐더러 전문 인력과 전문 용어를 적절히 활용한 작품이다. 이 영화에는 2008년 미국의 리먼 브라더스 사태, 서브 프라임 사태, 모기지 사태가 나온다. 돈이 없어도 대출을 받아 주식에 투자하고, 집을 사고, 소비를 하면 경제가 살아난다고 선전하다가 시스템이 붕괴하면서 미국의 금융 시장과 주택 시장, 부동산 시장이 붕괴한 것이 2008년의 상황이었다. 당시 미국에서는 800만 명 정도가 실업자가 되었다. 그리고 600만 명 정도가 부채를 통해 주택을 구매했다가 집에서 쫓겨났다. 당시의 뉴스나 다큐멘터리를 보면, 단란하게 잘 살던 가족들이 집에서 쫓겨나 차나 텐트에서 살며 공중화장실에서 세수하는 등 힘들게 살아가는 모습이 수없이 나온다. 돈이 붕괴한 것이 문제였다. 어마어마한 부채를 깔고 그 위에서 부자가 되고자 했던 것이 무너진 것이다.

2000년~현재 : 시대적 분위기의 실체

이제 우리 사회를 살펴보자. 통계를 보면 우리 사회는 인구와 세금도 줄고, 고용도 되지 않는 사회다. 우리나라의 경제활동 인구는 2722만 명이다. 그중 2615만 명이 취업을 한다. 알바까지 포함해서 말이다. 그중 1385만 명이 정규직이고 1230만 명이 비정규직이다. 인구도, 고용도 줄고 있는데 사회 전반엔 아직도 '부자 되세요' 하던 시대의 인식이 남아 있어서 다들 대기업 종사자와 금수저가 속한 상위 14퍼센트, 공공기업 종사자 등 경계에 있는 상위 15퍼센트, 그리고 취업한 사람들 중 정규직에 속한 15퍼센트가 되려고 한다. '저 안에 속해야만 인생이다'라는 말도 안 되는 생각을 갖고 말이다.

나는 1998년부터 7년 정도 방송인이었다. 주로 라디오나 텔레비전에서 MC를 했다. 라디오는 주로 심야에 하고 TV는 보통 낮에 문화 프로그램을 했다. 그러다 1998년에

CBS PD에게 매일 밤 자정에 10대들의 고민을 들어주는 라디오 생방송 프로그램을 만들려고 하는데 같이 해보자는 전화를 받았다. 전국 10대 청소년들의 고민이 한두 가지가 아닐 텐데 그걸 어찌 들어주려는지, 자정에 사연을 신청하고 청취할 사람이 있을지 걱정이 되어 선뜻 한다는 말을 못했다. 그런데 PD가 곧 폐지될 것 같은데 위에서 하라고 하니까 어쩔 수 없다면서 같이 해달라고 했다. 솔직한 반응에 같이 일해보기로 했다. 이렇게 시작된 프로그램이라 오래하지 못할 것 같았는데 우연하게 CBS가 장기 파업에 들어가면서 폐지되지 않고 오래하게 되었다. 그렇게 7년 정도 지나자 점점 청취율도 올라가고 텔레비전에도 나오고 상도 많이 받았다. 의도치 않게 좋은 결과로 마무리를 짓게 되었다.

그 당시에 간략하게 통계를 내봤는데 원래 10대의 고민을 들어준다고 했던 프로그램의 취지와 달리 10대보다 20대의 비중이 절반이 넘었다. 그리고 30~50대까지 연령층이 다양했다. 밤 12시 생방송 당시에는 주된 청취 연령층이 50대였다. 그런데 이렇게 다양한 연령층의 고민이 본질은 같았다. 1998년부터 2000년까지 6년 정도 10~30대의 수많은 고민을 들었지만 본질은 바로 '나는 누군가에게 지지받고 싶고, 누군가에게 쓸모 있는 사람이 되고 싶다'였다. 지금도 다르지 않다.

진짜 '나'를 아는 방법

I

이제 시대적 흐름에 영향을 받은 '나' 말고 진짜 나를 알아보는 것에 대해 이야기해볼까 한다. 나를 안다는 것은 말그대로 자기 자신을 안다는 것이다. 누군가에 의해 정의된 '나'가 아니라 그대로의 내 자아 말이다. 나는 지금도 '나'를 알아가는 중이다.

자신을 알아가려면 '생큐, 바이바이Thank you, Bye Bye'라는 두 가지 과정이 필요하다. 우선 '생큐'의 과정을 위해서는 부모님에 대해 알아야 하고 감사해야 한다. 내 생명은 부모님의 만남에서 나온 것이다. 그런데 부모에게 생명과 육체만 받았을까? 어린아이는 부모에 대해 무조건적인 지지를 보내는 존재라고 한다. 그래서 부모가 자녀를 데리고 동반자살할 때, 자살이 강제로 이루어지는 경우는 거의 없다고 한다. 즉 엄마 아빠가 죽고자 한다면 아이는 자발적인 마음으로 기꺼이 같이 죽겠다고 한다는 것이다.

또한 자식은 자라면서 부모의 좋은 것, 나쁜 것을 전부 물려받는다. 그래서 우리는 부모를 알아야 된다. 왜냐하면 우리는 이미 선택할 여지 없이 부모의 모든 것을 물려받았기 때문에, 그리고 그것들이 나를 이루고 있기 때문이다. 나는 부모님이 돌아가신 지 꽤 됐는데도 여전히 부모님이 물려주신 것에 대해 질문을 하고 있다. 그런데 지금도 어떤 기억을 헤집어보면, 점점 부모에 대해 새롭게 알아가게 된다. 그러다 보니 결국 나한테 남는 것은 '부모님, 저한테 생명을 줘서 감사해요. 당신의 좋은 것, 나쁜 것 다 나의 재료이기 때문에 당신은 저한테 할 일을 다 했어요. 생큐' 이런 것이었다. 자신을 낳아주신 것에 대해서, 그리고 이렇게 키워주신 것에 대해서 말이다.

그다음은 '바이바이'의 과정이다. 이것은 부모님에게 '바이바이'를 하는 것이다. 부모에 대해서 정확히 이해하고, 감사하는 과정을 거친 뒤에는 부모라는 존재로부터 독립을 하는 것이다. 여기서 독립이라는 것은 '따로 나와 혼자 사는 것'이 아니라 부모의 영향력, 배경 등에 연연하지 않게 되는 것이다. 감사의 과정을 거치는 것은 부모에게서 독립하기 위해서지, 의례적으로 효도하기 위해서가 아니다. 또한 반대로 생각하면 내가 부모님의 선택이나 기대 등에 영향을 받지 않기 위해서이기도 하다.

생각해보면 부모님은 내게 할 수 있는 만큼 했다. 그래서 내가 존재하는 것이다. 그럼에도 내가 살아갈 길을 내가 선택할 여지는 있다. 그래서 내가 '나'를 다시 만들기 위해서는 부모와의 작별이 필요하다. 부모가 나한테 물려준 것에 대해 '고맙다'고 말하고, '바이바이'라고 작별을 고해야 내가 나를 만들어가는 출발점에 서게 된다.

해외 입양아들이 한국에서 부모를 찾는 경우를 보면 이해하기 쉬울 것이다. 자신한테 생명을 주신 분들에게도 여러 가지 사정이 있어서 입양을 보냈을 텐데 입양아는 그걸 모른다. 부모를 알아갈 단서가 없는 것이다. 그럼에도 자신을 알아가고 자신의 인생을 살아가기 위해 힘든 과정을 겪으며 얼굴도 모르는 부모를 찾는 것이다.

이렇게 부모를 찾게 되면 대부분 처음에는 서로 껴안고 운다. 이 과정이 부모에게 "생큐"라고 말해주는 과정이다. '나를 버린 사람'이라는 생각보다는 '당신 덕분에 나라는 생명이 있습니다' 하고 감사하는 과정인 것이다. 그 후 '바이바이' 과정을 통해 부모에 대한 원망이나 아쉬움 등을 털어버림으로써 진짜 내 인생, 나를 만들어가는 일이 시작되는 것이다.

오늘 힘들었다, 그래도 나는 웃었다
|

자, 이제 가장 중요한 이야기를 하려고 한다. 지금까지의 이야기는 '오늘 힘들었다, 그래도 나는 웃었다'라는 문장

을 위한 것이다. 그전에 한 가지 말하자면 나는 평탄한 삶은 없다고 생각한다. '남들과 비교했을 때 난 원만하게 살았어'라고 말하는 것도 옳은 것인지 모르겠다. 부자 아빠 밑에서 태어나든, 가난한 아빠 밑에서 태어나든 다 같은 인간이다. 부모한테 생명을 받고, 부모의 좋은 것과 나쁜 것을 모두 받았다. 그렇기에 부모로부터 받은 것에 '생큐'라고 말해야 한다. 그래야만 '바이바이'도 할 수 있으니까. 개인적으로 나는 평탄치 않은 삶을 살아왔다고 생각한다. 그렇지만 평탄치 않은 삶을 살면서도 오늘 웃을 수 있는 무언가를 찾는 것이 중요하다고 생각했다.

'오늘'을 생각해보라. 집에서 '오늘' 하루를 돌아보면 나를 불편하게 만드는 것들이 있지 않나? '오늘 힘들었다'는 간단히 말하면 '오늘 나를 불편하게 한 것이 뭐지?'라고 생각해보는 것이다. 단순히 "아, 짜증나"라고 말하는 것이 아니라 '나를 짜증나게 한 것이 뭐지?'라고 다시 한 번 생각해봐야 한다. 그다음에는 그럼에도 '나를 웃게 하는 것은 뭘까?'를 생각해보는 것이다. 이 두 가지가 나를 만들어가는 생각들이다.

여기까지 정리하자면 내가 '나'를 만들어가는 방법은 두 단계로 구성되어 있다. 첫 번째는 부모에게 '생큐'라고 말하고 부모로부터 받은 것에 '바이바이'라고 말하는 것, 두 번째는 '나를 불편하게 하는 게 무엇인지' 생각해보고 '그럼에도 나를 웃게 하는 것은 무엇인지' 찾는 것이다. 어떤 저자는 이러한 행동을 삶의 '자기 형성술'이라고 표현했다. '형성술'을 뒤집으면 '성형술'이다. 성형, 즉 일정한 형태를 만든다는 점은 같지만 어감 때문인지 자기 형성술이라고 썼다. 형성은 자신을 제어하고 경영하여 내 안에서 '나'를 만드는 것이라고 정의하고 싶다.

지금도 2000~2008년에 못지않은 위기다. '생활임금', '기본소득'이라는 말이 서서히 부상할 만큼 많은 청년들이 취업난에 허덕이고 경제는 점점 더 어려워진다. 그리고 많은 사람들이 금수저들을 포함한 잘나가는 사람들과 '나'를 비교하고 기죽어한다. 그렇게 자신을 깎아먹는 시간이 길어질수록 남는 것 없이 자신만 힘들어진다.

삶이 그래서는 안 된다. 행복한 삶을 위해서는 '나'를 힘들게 하는 것, '나'를 웃게 하는 것, '나'를 만들어가는 것에 대해 생각해야 한다. 그렇게 한 단계씩 성장함으로써 자신을 사랑할 수 있는 행복한 사람이 되어야 한다.

어디에서
어디까지
뛰어갈 것인가

변상욱_CBS 기자

대선 직후이니 19대 대선 얘기부터 하고자 한다. 무엇보다 최순실 씨에게 심심한 감사의 인사를 드리고 싶다. 왜냐하면 사실 이번 대선은 영남과 호남 혹은 진보와 보수의 싸움이 아니었다. 국민들이 '하나의 뜻으로 뭉쳐서 더 나은 세상을 향해 가야겠다', '진보나 보수를 떠나 대한민국이 좀 더 상식적이고 건강한 나라로 가려면 이래서는 안 되겠다'라는 하나 된 뜻을 촛불 광장에서 보여줬다. 결국 선거에서 그 뜻을 실행했다. 선거라는 것은 자동차의 기어와 비슷하다. 후진 기어를 넣고 뒤로 갈 것이냐, 아니면 전진 기어를 넣고 앞으로 갈 것이냐의 문제다. 앞으로 가더라도 속도를 늦추면 힘이 붙고 빨리 가면 힘이 떨어진다. 너무 천천히 가면 기회를 놓칠 수도 있다. 기회란 기다려주는 것이 아니니 빨리 가야 할 땐 가야 한다.

이번 선거로 후진 기어를 전진 기어로 바꿔 앞으로 나아가는 것까지는 되었다. 그리고 1단 기어로 '천천히 힘 있게 가보자'가 아니라 2단 기어로 '힘을 내서 더 빨리 가보자'에까지 이르렀다. 그래서 앞으로 훨씬 더 빠른 개혁이 이루어질 것이라고 기대한다.

여론 조작, 진실은 어디로

I

사람들은 정치 뉴스를 덮기 위해 정치권이 언론과 결탁해 연예계 이슈를 터뜨려서 여론 조작을 한다는 음모론을 종종 이야기한다. 증거를 잡기가 어려워서 그렇지 정보 통제, 여론 조작은 틀림없이 있다. 정보를 가진 사람은 세 가지 유리한 점이 있기 때문이다.

첫째, 공격권을 가지고 있기 때문에 언제 공격할 것인지 타이밍을 정할 수 있다. 둘째, 어떤 방법으로 공격할 것인지를 정할 수 있다. 셋째, 어느 부분을 치고 들어갈 것인지 장소도 정할 수 있다.

최근의 사태에서도 그랬다. 두 사람이 박근혜 전 대통령을 이용해서 재산과 권력을 챙겼다. 바로 정윤회와 최순실 부부다. 문제는 정윤회가 부인이 아닌 다른 여성(모 항공사 여직원)과 외도를 하면서 비롯됐다. 분노한 최순실 씨가 호스트 룸싸롱을 드나들면서 둘 사이는 돌이킬 수 없게 되었다. 결국 두 사람은 이혼한다. 다시 발생한 문제는 둘이 공유하던 박근혜 대통령의 최측근 자리를 누가 유지하느냐였다. 먼저 수를 쓴 사람은 최순실 씨다. 최순실 씨는 자신과 가장 친한 〈세계일보〉에 '정윤회와 문고리 3인방' 정보를 흘린 것으로 알려졌다. 최초 특종이 〈세계일보〉에서 터져 나온 경위를 언론계는 그렇게 파악하고 있다. 〈세계일보〉가 특종보도를 터뜨리고 정윤회 씨는 추락한다. 그러자 정윤회 씨는 자신과 친분이 있는 TV조선 기자에게 '최순실과 최순실의 딸 등'에 대한 정보를 넘겨줬다는 것이 언론계의 정설이다. 그러면서 TV조선의 최순실 씨를 겨냥한 공격이 시작되었고 이를 막으려는 과정에서 청와대와 〈조선일보〉의 전쟁이 발발한 것으로 판단된다. 느닷없이 〈조선일보〉 고위직의 과거 비리가 터져 나온 배경이다. 이처럼 정보를 가지고 있는 사람은 자신의 목적을 위해 '언제, 어느 쪽을, 어떤 방법으로 공격할 것인가'를 정할 수 있다.

이런 일도 있었다. 오랜 시간 성 노예처럼 살던 여배우가 자살한 사건이다. 그런데 모 신문사와 정권이 결탁된 엄청난 비리가 터져 나올 즈음 갑자기 발견되지 않았던, 여배우의 유서가 튀어 나와 뉴스의 초점은 온통 그곳으로 쏠려버렸다. 이렇게 항상 정보를 많이 쥐고 있는 쪽은 정보를 흘려서 덮고자 하는 정보를 덮을 수도 있다. 그 방법은 두 가지다.

첫째는 언론사 기자에게 살짝 흘려 기자가 적당한 타이밍에 기사를 쓰게 함으로써 숨기고 싶은 뉴스를 가리는 방법이다. 둘째는 지라시 같은 것을 이용하는 방법이다. 정치권에서 일하는 사람들, 기업체 정보 파트에서 일하는 사람들,

언론사에서 일하는 사람들이 한 달에 한 번이나 두 번씩 모인다. 거기서 서로가 얻어 들은 스캔들과 소문, 정보들을 공유하고 그걸 책으로 묶어 언론사, 기업체, 정치권에 판다. 그런 지라시에 누가 봐도 혹할 만한 연예인이나 유명 인사의 스캔들 같은 것을 적당히 섞어 집어넣으면 구독자는 더욱 늘어난다. 그런 지라시 내용을 기사로 내면 이목을 집중시키기 때문에 항상 언론사에서 염두에 둔다.

정보가 어디에서 나왔는지, 왜 이 시점에 나왔는지, 이것을 최초로 터뜨린 사람은 누구인지를 보면 어떤 목적이 있는지도 짐작할 수 있다. 하지만 언론사로서는 어려운 점도 있다. 예를 들면 유명한 톱스타나 아이돌의 스캔들이 크게 터졌다. 정치권 비리를 가리기 위해 타이밍을 맞춘 냄새가 난다. 그렇다고 스캔들 기사를 안 쓸 수도 없다. 남들은 특종에 후속보도로 치고 나가는데 손을 놓고 있을 수 없다. 어떻게든 조회 수, 클릭 수, 방문자 수를 늘리려면 인터넷으로 급히 속보를 낼 수밖에 없다. 여론을 지배하려는 정보에 언론은 항상 알면서도 당하는 구조적 한계가 있는 것이다. '분명 이건 속셈이 있을 텐데' 하면서도 정보를 가진 사람이 짜놓은 프레임 속에 들어가 허우적거린다. 어디까지를 언론의 숙명이라고 변명할 수 있을까?

대한민국 언론의 '자살'

I

　언론이 실수를 할 수도 있다. 먹고살아야 하니 자기 이익을 탐할 수도 있다. 그러나 지금 대한민국 언론은 '스스로 자기 목을 조르는 상황'이다. 언론 환경 자체가 이미 오래 전부터 디지털 테크놀로지로 인해 엄청나게 빨리 바뀌고 있다. 그런데 거기에 대응, 적응할 생각은 못한다. 아직도 시장에 나와 있는 조그마한 먹을거리에 붙어서 먼저 삼키려 하고, 아니면 정치권력에 빌붙어서 조금이라도 자기 이익을 더 얻으려고만 하는 것이다. 정상적으로 언론 기업을 유지하는 게 아니라 편법과, 갈취나 마찬가지인 기형적인 광고 수입에 적지않게 의존하고 있다.

　요즘 웬만한 기사는 로봇이 쓴다는 말이 있다. 미국의 경우 로봇이 쓰는 기사의 비율이 28퍼센트에 이른다고도 하고 30퍼센트를 넘겼다고도 한다. 사실 증권이나 환율, 스포츠 기사는 로봇이 쓰는 게 훨씬 빠르고 정확하다. 해당 기관이나 조직 등의 네트워크에 연결되어 있기 때문에 기사 작성의 틀만 잡아주면 로봇의 정보 처리가 월등할 수밖에 없다. 데이터만 입력하면 기사가 쏟아져 나오는 것이다. 기자가 데이터와 수치를 확인하고 분석한 기사보다 로봇이 알고리즘을 통해 쏟아내는 기사가 훨씬 더 정확하고 빠르다는 것이다. 실제로 언론은 이런 위협에 놓여 있다.

또 하나의 문제는 시민들이 더 잘 안다는 것이다. 예를 들면 완도나 진도, 또는 팽목항에서 벌어지는 일은 그곳 사람들이 더 잘 안다. 그곳 어부들이 물길을 더 잘 알고 잠수부가 바닷속 상황을 더 잘 안다. 예전에는 언론사가 이런 사람들을 만나 취재하고 보도해야만 국민이 알 수 있었다. 하지만 이제는 그렇지 않다. 그곳에는 세월호의 미수습자 가족들뿐만 아니라 각종 블로거, 1인 미디어, 시민 자원봉사자들이 있다. 그들이 SNS에 즉시 올리는 정보가 기자가 현장에서 보도하는 기사보다 훨씬 빠르고 정확하다. 결국 디지털 테크놀로지가 언론의 기능 자체를 굉장히 위축시키면서 언론 환경을 바꾸고 있는 셈이다.

시민들은 스마트폰과 온라인 블로그 등으로 언론의 역할을 대신하고 있다. 언론이 설 자리가 점점 좁아지고 있는 상황이다. 그런데 언론은 전혀 고민하지 않는다. 어떻게든 권력 관계에서 조금이라도 더 버텨보려고, 재벌과 유착해 조금이라도 돈을 더 벌어보려고 한다. 그래서 지금은 '대한민국 언론 스스로가 자기 목을 죄면서 자살하고 있는' 상황인 것이다.

기자는 '이것' 빼고 다 합니다

ㅣ

기자로서 절대 허용될 수 없는 것은 '사실을 왜곡하는 것'이다. 분명 자신이 취재한 사실, 실제로 발생한 사실이 있는데도 이를 부인하거나 빨간색을 파란색으로 바꾸는 것은 안 된다. 사실은 신성불가침이다. 사실은 바꿀 수 없다. 그것 외에는 일반 시민에게 허용되지 않는 다수의 행동이 허용된다. 훔치거나 숨기거나 은근히 위협하거나…… 모두 해본 짓이다.

예를 들면 사건이 벌어졌는데 아무도 이야기를 하지 않는다면 전화를 걸어 "아무개 좀 바꿔주세요"라고 말한다. 그러면 상대가 "누구신데요?"라고 묻는다. 내가 "나 아무개 검사야"라고 말하면 깜짝 놀라서 바꿔준다. 그러면 전화 받은 사람에게 생각할 틈을 주지 않고 밀어붙이는 것이다. "나 아무개 검사인데, 당신 왜 입을 안 열어? 대체 사건이 몇 시에 벌어진 거야? 당신 그때 어디 있었고, 현장에 누구누구 왔다 갔어?" 검사가 난리를 피우니 상대는 깜짝 놀라서 술술 말한다. 그런 다음에 "검사한테서 전화 왔다고 이야기하면 안 돼"라고 내가 마무리를 한다. 전화로 이런 식의 위장 취재를 많이 했다.

삼성 이건희 회장이 병원에 입원해 있으면 하얀 의사 가운을 구해 변장을 하고 들어갔다. 조금 웃기는 이야기도 있다. 아침 7시 반이 되면 정부기관 사무실이 문을 연다. 청소노동자가 들어가 청소해야 하니까. 청소노동자가 7시에 들어가서 8시까지 청소를 끝내면 직원들이 출근하기 시작한다. 기자들은 6시 반쯤 잠복을 시작한다. 청소노동자들이 문을 열고 청소하는 것을 기다리다 청소를 마치고 다른 방으로 옮기는 사이에 방에 들어가 서류를 찾아내는 것이다. 쓰레기 소각장에서 비닐장갑을 끼고 불에 타다 남은 쓰레기를 긁어내기도 한다.

다들 JTBC 기자가 종이 파쇄기를 들고 와서 며칠 밤을 새워가며 스카치테이프로 문서를 복원하는 모습을 보았을 것이다. 그것과 비슷하다. 불에 타다 남은 쓰레기를 긁어모아 원래대로 맞춘다. 단어 하나만 찾아내도 충분하다. 그것을 단서로 취재하면 되니까. 기자는 '어떻게'가 아니라 '어디에'를 쫓는다.

또 다른 예도 있다. 함께 근무하는 직원들이 다수일 경우 혼자 밥을 먹기란 쉽지 않다. 함께 나가 먹거나 한 방에 모여 먹는다. 그러면 기다리고 있다가 여직원들이 방에 모이는 순간 빈 사무실에 들어가 문서를 뒤지고 베낀다. 물론 걸리면 법의 처벌을 받을 수도 있다. 기자를 보호해주는 법률이나 제도는 없다. 하지만 현장에서 치열하게 벌어지는 경쟁 속에서 기자들은 특종이라면 기꺼이 몸을 던질 준비가 되어 있다. 기자들은 단서를 찾고 특종보도를 터뜨리기 위해 이렇게 몸부림친다. 겉으로는 꽤나 점잖아 보일지 몰라도 편법에 탈법도 이 바닥에선 아주 낯선 일이 아니다. 그럼에도 '사실만큼은 왜곡할 수 없다'는 것이 기자들의 불변의 원칙이다. 안타깝게도 요즘은 그 원칙마저 무너져서 '가짜뉴스'가 양산되고 있지만……

묻혀버린 진실들
ㅣ

일단 기자는 모든 사람을 의심하게 되어 있다. 왜냐하면 사람들이 기자 앞에서는 대개 허풍을 떨거나 거짓말을 하기 때문이다. 내 경험상 가장 의심스럽고 믿지 말아야 하는 인간은 자기 직속 상관이다. 종종 당한다. 어쩌면 지금의 가짜뉴스도 현장의 취재기자가 만들고 싶어 만들어내는 것이 아닐 것이다. 대부분의 가짜뉴스는 조직과 상관의 지시에 의해 만들어진다. 부도덕한 상관들은 "이 뉴스가 나가면 세상이 엄청 혼란스러워질 거야", "사람들이 원하는 뉴스가 아니야"라며 나가야 할 뉴스를 막았다. 나중에 알고 보면 정부기관이나 경찰서에서 보도를 막아달라는 부탁을 받은 것이었다. 그런 부탁을 받고 나한테는 "이런 뉴스는 너무 위험해" 또는 "이 뉴스는 국가에 해가 돼", "이 뉴스는 정보가 틀렸어. 거짓 정보일지 몰라"라고 이야기하는 경우가 많았다. 너무 딱딱한 이야기라 재미없을 수도 있겠지만 내가 놓친 두 가지 특종에 대해 이야기해보겠다.

88 서울올림픽 때 외국에서 선수들이 오면 경찰, 군인들이 경비 임무를 맡았다. 그런데 한 외국 선수에게 우리 경비대원이 성적 비행을 저질렀다는 정보를 얻었다. 외국 선수를 지켜야 하는 경비대원이 그런 짓을 저질렀다면 큰 사건이다. 사건을 취재해 들어가던 중 팀장이 갑자기 전화를 했다. 그는 "조국을 위해서 그 뉴스가 나가면 안 된다"고 말했다. 이제 겨우 올림픽 개막식을 치르고 지구촌의 축전이 시작되는데 우리 국민이 열망하던 세계적 행사에 재를 뿌릴 거냐고 했다. 망설여졌다. 결국 나의 취재는 거기서 끝났다. 다른 일간지도 취재에 들어갔다고 들었지만 역시 보도하지 않았다. 그 뉴스는 사실 확인까지 가지 못하고 그냥 묻혀버렸다.

창피한 사건은 또 있었다. 올림픽 때문에 갑자기 많은 사람들이 몰리니 화장실이 모자랐다. 그래서 합판으로 대충 칸막이를 세워 남녀 화장실을 구분한 곳이 있었다. 남자 화장실 끝에 얇은 나무판이 세워져 있고 그 너머가 여자 화장실이었다. 불현듯 화장실을 뒤져보고 싶은 생각에 점검에 들어갔다. 그런데 남자 화장실 마지막 칸막이에 구멍이 뻥 뻥 뚫려 있었다. 여자 화장실을 엿보려고 뚫은 구멍들이었다. 이 내용 역시 기사로 작성은 했으나 그런 걸 남사스럽게 내느냐는 의견에 그냥 묻어야 했다. 커다란 시국 사건에 대한 비판적 의견은 그만 내보내라, 피해자 주장은 과장되어 있다 등등 상관들의 설명은 어딘가의 부탁이나 회유, 압박에서 나온 것이 많았다고 추측할 수 있다. 그 이후 과거의 권력비리나 의문의 사건들이 밝혀져 확인해보면 피해자나 피해자 가족들의 호소가 진실임을 알 수 있었다.

또 다른 예로, 1987년에 발생한 박종철 고문치사 사건 때를 돌아보자. 민주화운동을 하던 서울대생이 물고문으로 숨진 사건이었다. 우리 사회가 충격에 빠졌다. 그래서 바로 '고문 없는 세상에 살고 싶다'는 주제로 두 시간 길이의 특집방송을 기획했다. 내가 취재를 맡아서 방송리포트를 만들었다. 전체 방송은 월요일 2시부터 4시까지 두 시간 동안 생방송으로 진행됐다. 토요일과 일요일 밤을 꼬박 새서 관련자들이 어떤 고문을 당해왔는지 인터뷰도 하고 목숨을 잃은 사람의 부모들까지 만나 취재한 뒤 편집도 마쳤고 원고도 완성됐다. 20분 길이의 리포트 녹음만 남겨놓고 있었다.

그런데 갑자기 아침부터 회사가 술렁대더니 전무, 상무,

국장들이 갑자기 들이닥쳐 "이 방송은 나가면 안 돼"라고 말했다. 제작진은 "무슨 말씀입니까. 나가도 좋다고 해서 며칠 밤을 새웠는데요"라고 했다. 그래도 사측은 그 방송이 나가면 안 되니 두 시간 동안 음악만 방송하라고 했다. 사측이랑 제작진이 옥신각신하는 사이 생방송을 시작할 2시가 되어가고 있었다. 결국 동료들이 상무, 국장, 부국장, 부장들을 전부 방송실 밖으로 내몰아버리고 문을 잠근 뒤 책상과 서류함 등으로 바리게이드를 쌓았다. 그러고는 방송을 시작했다. 그게 1988년 1월의 항명방송 사건이었다. 그렇게 한 시간 10~15분 정도 방송을 했는데, 사장이 올라오더니 이쯤에서 그만두자고 해서 그때부터 음악을 틀었다.

방송 제작 결제에 제작비 결제까지 사측이 모두 해놓고는 막상 정부에서 압박이 들어오면 돌변하는 것이다. 그런 압박과 회유에서 가장 멀리 있던 회사가 CBS였는데도 그 정도였다. 당시 관변언론이라 비난받던 다른 언론사는 아예 그런 특집을 시도조차 못하던 시절이었다.

전두환 정권 시절이었다. '누구를 위한 방송인가'라는 주제로 방송을 했다. 그 방송에서 어떤 시민이 "정말 하고 싶은 말이 있다"고 했다. 그래서 "그게 뭐냐?"고 물어봤다. 그러니까 그 사람이 "'땡' 하면 전두환으로 시작해서 이순자

로 끝나는 그따위 뉴스는 세상에서 없어졌으면 좋겠다"라
는 말을 했다. 우리는 "그렇게 얘기하시면 저희가 잡혀갈
수 있으니까 조금만 순하게 말해달라"고 부탁했다. 그러고
는 그 사람을 방송에 연결했는데, 그는 순하게 말하기는커
녕 더 심하게 말했다. 앞서 말한 것에 더해 "전두환 정권은
곧 패망할 거니까 조금만 참고 기다려라"라는 말까지 해버
렸다. 그 말 때문에 경찰에 잡혀갈 것이라는 걱정에 집에
전화를 했다. 11월이라 추울 것 같아 솜바지나 솜저고리도
부탁했다. 다행히 잡혀가지는 않았다.

그 후에 앞서 말했듯 '고문 없는 세상에 살고 싶다'는 주
제로 방송을 했다. 이때는 정말 감옥에 잡혀갈 줄 알았는데
이미 불길이 타오르기 시작한 민주화운동 덕분에 무사히
방송직에서 추방되는 걸로 끝났다. 나를 비롯한 문제 인물
들을 다시는 마이크 앞에 세우지 말라는 것이었다. 정부의
지침은 그랬지만 이미 거리에 시민들이 쏟아져 나오고 정
권은 기울어가고 있었다. 역사적 현장에 기자가 뛰어가지
않을 수 없고 언론이 보도하지 않을 수는 없는 일. 회사는
내게 방송일을 계속 맡겼고 다만 내 이름이나 목소리가 방
송에 나가지 않게 했다.

그때는 내가 기사를 쓰면 다른 기자의 이름으로 보도됐
다. 내가 기사를 썼다는 사실이 알려지면 정부로부터 제재

를 당했기 때문이다. 당시 모 선배의 이름으로 기사를 써야 했다. 그러다 보니 동료들에게 해가 될까봐 기사를 쓰면서 자기 검열을 하기도 했다.

그다음에는 정부가 CBS의 수입을 거의 전부 빼앗았다. 재정 상황이 나빠져서 많은 사람이 CBS를 떠났다. 당시 정부는 CBS의 수익 45억 원 중에 40억 원을 빼앗고 분기마다 1억 원씩 총 3억 원을 줬다. 그 돈이 직원들의 보너스로 지급되었다. 그런데 권력의 마음에 들지 않는 방송이 나가면 그 돈을 제때 주지 않고 정부가 갑질을 했다. 전체 직원이 보너스를 못 받게 되니 동료들의 시선이 왠지 따갑게 느껴지기도 했다. 흘깃 쳐다보는 동료들의 눈길이 무언의 압박처럼 느껴지기도 했다.

그리고 또 기억에 남는 것이 있다. 기자는 매일 밤부터 새벽까지 서울 시내 경찰서와 병원들을 돌면서 사건을 취재한다. 한번은 새벽 3~4시 즈음에 한강성심병원 응급실을 취재하러 갔다. 그런데 그날따라 세상이 왜 그렇게 평화로운지 단 한 건의 교통사고조차 없었다. 아침에 보고할 거리라도 있어야 하는데 기사로 쓸 만한 사건은커녕 보고할 만한 사고도 없었다. 그래서 내내 초조해하며 순찰을 돌다 새벽녘에 한강성심병원에 도착한 것이다. 그런데 때마침 환자가 응급실로 실려왔다. 입에서 피도 뿜어져 나오고 곧

숨질 것 같았다. 응급실 상황도 굉장히 심각했다. 큰 사고가 있었을 거라는 생각에 달려가 응급실에서 대기 상태에 들어갔다. 그러다 새벽이 밝아오기 시작했고 문득 나 자신을 바라보게 되었다. 수첩과 펜을 꺼내들고 사람이 죽기만을 기다리는 모습이었다. 나 자신이 너무 실망스러웠다.

'기자로서 열심히 한다고 했지만 결국 인간으로서는 여기까지인가?'라는 고민, '이게 기자가 가야 될 길인가?'라는 고민을 많이 했다. 사람이 빨리 죽기만을 기다리면서 '아, 빨리 죽지 왜 이렇게 질질 끄는 거야'라고 생각하는 내 모습이 굉장히 충격적이었다.

페미니스트와 기독교 신앙 사이에서

ı

동성애와 페미니즘에 관한 질문을 가끔 받는다. 독실하지는 않지만 기독교인으로서 늘 고민하는 문제다. 내가 동성애와 성소수자 문제에 대해 가끔 회사 선후배들과 토론을 벌이면 하는 이야기가 있다.

어느 수녀원에서 있었던 일이다. 한 수녀가 급하게 원장에게 달려와 큰일이 났다고 말했다. 원장이 무슨 일이냐고 묻자 수녀는 수녀들 중에 동성애자와 에이즈 환자가 몇 명 있다고 말했다. 그때 원장이 했던 말이 기억에 남는다. "그래서? 네가 그 여자랑 잘 것도 아니잖아. 혹시 그 여자랑 사귀고 싶은 거냐", "같이 잘 것도 아닌데 그 사람이 동성애자든 양성애자든 에이즈 환자든 무슨 상관이냐"고 원장이 말했다. 신앙의 길을 가는 수도자 입장이라면 그가 혹시 다른 이로부터 따돌림이나 험한 일을 당하지 않을까 걱정하는 게 먼저일까, 아니면 내보내려고 일러바치는 게 마땅할까?

한국 교회와 관련해서는 세 가지 정도를 이야기할 수 있을 것 같다. 첫째, 한국 교회는 종교 내에 존재하는 가부장적 권위주의나 가부장적 기득권을 놓고 싶어 하지 않는다. 기독교를 예로 들면, 목사가 강연을 하는 단상 위에 어린 남성은 올라갈 수 있어도 여성은 올라갈 수 없다. 또 대부분의 교단에서 여성은 목사가 될 수 없다. 평생 전도사로만 있을 수밖에 없다. 목사 안수를 허용하는 교단이 하나씩 늘고는 있지만 그 후의 차별과 불평등이 해결되려면 까마득하다.

그런데 불교도 똑같다. 가장 나이 많은 남자 고승부터 가장 나이 어린 동자승까지 위계서열이 정해져 있다. 그다음에 가장 나이 많은 여승이 서열을 이어받아 내려온다. 불교에서는 나이가 많은 고승이더라도 그가 여승이면 젊은 또는 어린 남자 승려가 들어왔을 때 일어나서 인사해야 한다. 천주교에서는 더 명료하다. 천주교에서 수녀는 결코 사제직이 아니다. 신부와 같은 계급이 아니다. 사제인 신부 밑에 존재하는 보조 역할이다. 가톨릭에서 남성과 여성의 구분, 그에 따른 차별은 단호하다. 그저 종교적 문제일까? 이건 가부장적인 기득권이 도사리고 있는 것이다.

또 하나의 심각한 문제는 한국 교회의 상태가 좋지 않다는 것이다. 신도 수가 급속히 줄어들고 있다. 교회를 유지하지 못해서 부동산 시장에 매물로 계속 나오고 있는 상황이다. 한국 교회에는 이 위기를 벗어나고 싶어 하는 위기 본능이 있다. 그리고 이 위기를 벗어나는 제일 쉬운 방법은 뻔하다. 일본을 예로 들면, 일본에서는 전쟁이 끝나고 평화 시대가 오자 싸움을 업으로 삼던 사람들의 직업이 사라졌다. 그래서 임진왜란을 일으켜 조선 정벌에 나섰던 것이다. 항상 그렇다. 힘이 있는 사람은 그 힘을 터뜨리면서 권력을 유지해야 하고 내부에 불만과 위기감이 고조되면 어딘가에 힘을 풀거나 힘의 방향을 돌려야 한다. 그런데 내부에 그럴 곳이 없다면 외부로 눈을 돌릴 수밖에 없다.

한국 교회의 호모포비아는 한국 교회 안의 수구적·보수적인 일부 층이 일으키는 것이다. 위기에서 벗어나고 한국 교회를 결속시키기 위해 공격 대상을 찾는 것이다. 대상을 찾아 함께 공격하고 파괴하며 교회의 힘을 결집시키고 외부에 적을 상정해놓고 공포감을 조장해 위기에서 벗어나려고 하는 얄팍한 수작에 불과하다. 쉽게 얘기하면 2차 대전 당시 히틀러가 그런 경우였다. '유대인들은 해로운 존재, 공산당은 위험한 존재, 노동자는 공산주의자들'이라고 몰아세우며 그들을 희생양으로 삼았다. 유대인, 노동자, 공산당을 해치우면 우월한 게르만 민족으로서 세계를 지배할 수 있다는 헛된 꿈과 비전을 제시했던 것이다. 지금 한국 교회에 몰아치는 호모포비아가 그런 것이다. 그들은 "동성애자들이 이 땅을 완전히 썩어 문드러지게 하고 있어", "이슬람이 우리나라를 먹어치우려고 해. 무슬림 세력을 차단해야 돼"라고 말한다. 그러면서 이슬람과 동성애자를 희생양으로 바쳐 재기의 발판으로 삼으려는 것이다.

크리스천의 입장에서는 도저히 용서가 안 된다. 십자가에 달려서 피를 흘리는 예수가 자기 앞에 와서 신앙을 고백하는 사람들한테 "야, 이 중에 동성애자가 있으면 떠나라. 난 동성애자는 상대하고 싶지 않아"라고 했겠는가? 그래서 나는 지금 교회의 이런 태도가 예수가 전한 복음의 가치에 배치된다고 생각한다.

내가 페미니스트라고 소문난 것은 좀 와전된 면이 있다. 지금까지 32년간 주말부부로 살아왔다. 아내가 일자리를 찾아 잠시 지방에 내려갔는데 32년째 돌아오지 못하고 있다. 아이들이 유치원, 초등학교에 다닐 때까지는 아내가 시골에서 키웠다. 중학교 때부터는 내가 아이 둘을 서울에서 키웠다. 사실 좀 고생했다. 기자 생활을 하면서 아침마다 아이들을 깨우고 도시락을 챙겨줘야 했다. 아이들을 등교시키고 회사로 뛰어가고, 또 회사에서 뛰어와 애들을 챙기고…… 이렇게 세월을 보냈다.

그러다 보니 애 키우는 남자가 됐는데, 아마도 당시 한국 사회에는 애 둘을 키우는 남자가 드물어서 그랬는지 내가 괜히 언론의 주목을 받기 시작했다. 〈경향신문〉이나 〈한겨레〉 등에 애 키우는 남자로 소개되기도 하니까 페미니스트 계에서 나를 주목했던 모양이다. 여성 페미니스트계에서 "아, 딱 보니까 체질상 페미니스트 같은데 우리와 같이하지 않겠나?"라고 해서 얼떨결에 "네" 하고 참여했다. 남성 페미니스트는 불과 몇 사람뿐이던 시절이다. 지금도 페미니즘 관련 이슈들을 진지하게 살피고 있다. 다만 이제는 따라잡기가 벅차다. 페미니즘도 사회 변화에 따라 계속 분화 발전하는 모양이다.

여성계 근처를 맴돌다 보니 '여자도 군대에 보내자', '군대에 갔다 온 남자는 공공기관에 시험을 볼 때 보너스 점수를 많이 줘야 하지 않냐?' 같은 페미니즘 이슈들이 등장하면 얼굴을 내밀게 된다. 이슈에 따라서는 남성 페미니스트로서 방송에 출연하거나 토론장에 나갔다. 덕분에 대한민국의 3대 남성 페미니스트로 뽑히게 됐다. 〈한겨레 21〉 특집기사에서 공식적으로 '대한민국 3대 남성 페미니스트'라는 표현을 쓰는 바람에 그렇게 되어버렸다.

이른바 페미니스트로서 처음 크게 뭔가를 한 것은 미스코리아 대회였다. 당시에는 MBC가 꼭 생방송으로 중계를 했다. 그래서 여성계에서는 "왜 여성을 한 인간으로 보지 않고 옷을 벗겨 성적 상품으로 진열대에 올려놓고 '대상화'시키면서 모욕하느냐"라고 비판했다. 그래서 나는 '뭐, 여성들이 미스코리아가 되고 싶다니까 할 말은 없는데, 공영방송에서 어린애들까지 온 가족이 지켜보도록 생방송으로 중계하는 것은 그만둬야 한다'는 다소 거친 생각에 폐지 운동에 참여했다. 미스코리아 선발대회가 열릴 때 반대편에서는 안티 미스코리아 대회를 열었다. "왜 미스코리아 대회는 33-23-34의 여성들만 대우하느냐. 35-35-35면 어디가 어때서. 나는 내 몸에 자부심이 있다. 건강한 내 몸이 더 아름답다." 그 안티 미스코리아 대회의 운영위원을 하기도 했다. 안티 미스코리아 대회가 나중에 성폭력 추방 페스티벌로 발전했을 때는 그 운영위원도 했다. 그러다 보니 페미니스트라고 소문이 났다.

하지만 페미니즘에 대해서는 잘 모르겠다. 메갈리아, 워

마드에 이르면 더 모르겠다. 더 공부하고 생각을 정리해봐야겠다. 젊은 여성들을 만나 토론도 하고 취재도 했는데 일단 용어부터 어렵다. 페미니즘을 체계적으로 공부하고 현장에서 보고 들은 것을 접목시키는 진지한 대응이 필요하다고 생각한다. 우리가 겪었던 1세대 페미니즘에서 많이 진화한 듯해 어렵지만 열심히 쫓아가고 있다.

실존이 이념보다 먼저다
|

우리는 쉽게 누구는 진보고 누구는 보수라고 이야기한다. 그러나 항상 '누구의 기준에서 진보이고 보수인가?'를 돌아볼 줄 알아야 한다. '나는 어디쯤에 서 있나?'를 먼저 살피고 상대를 보아야 한다. "나는 상당히 오른쪽이야. 그런데 저 친구는 나보다도 오른쪽 같아. 정말 오른쪽인가 봐." 또는 "저 친구가 자꾸 왼쪽으로 보이는 것은 내가 너무 오른쪽이라서 그렇군." 아니면 반대로 '어후! 왜 인간들이 전부 이렇게 수구 꼴통들만 모였을까?'라는 생각이 든다면 자기가 이미 왼쪽으로 꽤 많이 가 있는 것일 수도 있다.

진보와 개혁을 얘기할 때 제일 중요한 것은 '어디가 기준인가?'이고, 그다음으로 중요한 것은 '그 기준을 누가 제시했는가?'다. '당신에게 그 기준을 제시한 사람이 누군가?'

라고 묻는다면 아마 대개는 선배 혹은 교수님 혹은 책들을 떠올릴 것이다. 무엇이 당신에게 진보와 보수를 가르쳤는지 생각해보면 짐작이 갈 것이다. 내가 읽었던 〈한겨레〉, 〈오마이뉴스〉, 〈프레시안〉이라든지, 아니면 〈팟캐스트 : 그 것은 알기 싫다〉라든지 뭔가 자기한테 어떤 기준을 제시한 것이 있다. 그러니까 가장 중요한 것은 '어떤 기준에서 내가 진보 보수를 판단하고 있나?', '그 기준을 던져준 사람은 누군가?', '그 사람은 정말 가운데 사람인가?', '그 사람 자체가 이미 진보 쪽인가?' 아니면 '그 사람 자체가 오른쪽 인가?'라는 것들에 대해 스스로 돌아볼 수 있는 능력이다. 그냥 무조건 뛰어들고 무작정 '옳다'고 생각하는 대신 뛸 때 뛰더라도 '어느 지점에서 어느 지점까지 뛰고 있는지', 그리고 '나를 누가 이렇게 뛰게 하는지'에 대해 스스로 돌아볼 수 있어야 진정한 지성인이다.

엉뚱하지만, 어느 동물원 이야기를 하고 싶다. 거기에 하이라이트가 되는 동물은 사자였다. 사자 우리를 크고 멋지게 만든 다음 아프리카에서 사자를 잡아왔다. 사자를 데려다놓고 1년이 지나고, 5년이 지나고, 10년이 지나니 맨 처음 아프리카에서 가져온 사자는 다 늙어 숨지고 말았다. 이제 동물원 우리 안에서 태어난 사자들끼리 대를 이으며 살아가고 있다. 그런데 사자들의 행태가 그룹별로 다르다.

어떤 사자들은 "야! 우리끼리 질서 있게 잘 살아야 돼! 모두가 윤리와 도덕을 지키면서 사자로서 품격을 갖추고 점잖게 굴어야 동물원 측에서 먹이를 많이 줘. 먹이를 많이 먹을수록 우리는 행복해질 수 있어! 그리고 계급이 높은 사자는 조금 더 많이 먹어야 돼! 질서를 지켜!"라고 나름의 원칙과 룰을 만들어 제시한다.

또 어떤 사자들은 "야! 이게 사자냐? 사자는 이게 아니야! 우리는 이 체제를 확 뒤집어야 돼! 왜 만날 인간이 던져주는 고기만 먹어야 돼? 심지어 분배도 불공평하니 이것을 확 뒤집어엎어야 돼!"라고 말한다. 말하자면 '진보 그룹의 사자들'이다.

또 '종교파 사자들'도 있다. "우리가 살 곳은 이곳이 아니야. 우리는 빨리 밀림으로 돌아가야 돼. 밀림은 죽어서 갈 수 있는 곳이야. 하느님께 의지하며 기도하자." 그들은 자기들끼리 모여 종일 울어대며 기도를 올린다.

그런가 하면 어떤 사자는 사자 우리의 가장 높은 곳에 올라가 바람에 갈기를 휘날리며 아래를 바라본다. "자식들, 저것들은 보수 꼴통들이고 저것들은 좌빨들이고. 어휴, 죽으면 천당에 간다고 울부짖는 저 '맹신도들…… 저것들 지적 수준이라고는 참, 어휴"라고 말한다. 흔히 말하는 시니

컬한 '지식인 그룹의 사자들'인 것이다.

당신은 어떤 사자가 되고 싶은가? 왠지 지식인 사자가 멋있어 보이지 않는가? 그러나 지식인 사자도 고기를 얻어먹으려면 결국 높은 곳에서 내려와야 된다. 그리고 좌파 쪽이든, 종교파 쪽이든, 우파 쪽이든 어디에서든 남는 고기를 얻어먹어야 한다. 그러면 네 그룹 중에 '진정한 사자'는 어느 쪽인가? 어느 그룹이 '진정한 사자로서의 삶'을 사는 것인가? 이것이 '실존'이라고 불리는 것이다. 인간으로서의 실존이든, 사자로서의 실존이든 이념이라고 하는 딱지보다 더 근본적인 문제다.

그러면 '무엇이 진정한 사자의 삶인가?'에 대한 고민을 해야 하고, 그 고민을 통해 다방면에서 여러 경험을 해보면서 자신의 삶을 조율해나가야 한다. 인생의 선배로서 얘기한다면 어느 하나에 푹 빠지는 것은 그렇게 옳지 않다. 이념은 명찰이고 계급장일 뿐이지, 그것만 바라보고 뛰어가는 것은 내게 어울리지 않는다고 생각해왔다. 지적 우월함을 뽐내는 것도 마찬가지다. 존재한다는 건 다른 이에게 기대 살아가는 것이다. 그러니 살아 있는 존재라면 겸허해질 필요가 있다.

사회에 진출하면 압박을 받기도 하고 설득에 막히고 회유를 당하기도 하면서 실존의 문제에 부딪히게 된다. 그리고 결혼해서 배우자가 생기고 책임져야 할 가족이 생기면 산다는 건 더 어려운 과제로 다가와 깊은 고뇌에 빠지게 된다. 그것도 하나의 실존이다. 그 문제는 모두에게 고민으로 남을 것이다. 그런데 그 고민은 끝나지 않는다. 늘 새로운 고민이 닥쳐온다. '진정한 삶은 어떤 모습이어야 할까?'도 고민해야 한다. 그렇게 하루하루 흔들리면서 나아가는 것이다.

Q&A

Q 최순실 게이트가 터졌을 때 JTBC 기자가 정유라를 찾기 위해 덴마크 올보르에 잠입 취재를 갔다. 거기서 직접 덴마크 경찰에 신고하면서 언론인이 관찰자로 남는 것이 아니라 직접 사건에 개입하는 상황이 생겼다. 그 후로 언론이 사건의 관찰자로 남아야 하는지, 직접 개입을 해야 하는지에 대해 언론계에서 논쟁이 많았던 것으로 안다. 이런 사안과 관련하여 보도윤리는 무엇인지 궁금하다. 두 번째로는 기자들이 갖춰야 하는 가장 큰 덕목, 즉 기본이 무엇인지 궁금하다.

A 기자의 윤리는 네 가지 배경을 가진다. 첫째, 인간으로서의 양심이 있다. 두 번째는 "CBS 소속이에요", "JTBC 소속이에요", "TV조선 소속이에요"와 같이 자기 소속사에 관한 것이다. 세 번째는 사회에 대한 책임, 국민에 대한 책임이 있어야 한다. 네 번째는 취재 지시가 있어야 한다. 기자는 사실 직속 상관의 지시만 받는다. 내가 기자고 내 위에 팀장, 그 위에 부장, 그 위에 국장이 있으면 내 위의 세 사람만 내게 명령할 수 있다. 사장도 명령하면 안 되는 것이다. 그것(사장의 명령)은 보도에 대한 간섭이나 개입이 될 수 있다. 즉 권력의 개입이 되는 것이다. 그게 사장이든 부사장이든 전무든 마찬가지다. 기자는 오롯이 자기의 양심과 직속 상관의 지시

만 받으면 된다. 그 직속 상관은 팀장, 부장, 국장 이외에는 없는 것이다. 내가 본부장일 때도 본부장으로서 국장한테 이래라저래라 하지 않는다. 왜냐하면 최종 책임자가 사실은 보도국장이기 때문이다. 취재 지시는 결국 기자의 윤리를 의미한다. 윤리는 첫째, 인간으로서의 양심, 둘째, 소속 회사의 색깔과 방향과 지시, 셋째, 사회의 공공선을 실현시켜야 한다는 사회에 대한 책무, 넷째, 기자라는 직업군의 직업윤리와 여론, 다섯째, 국가와 민족에 대한 사회적 책무, 아니면 국가적 책무로 구성된다. 여러 가지 더 있을 수 있으나 일단 이정도를 기반으로 기자의 윤리가 발생한다.

이 다섯 가지가 항상 일치하면 좋겠지만 종종 어긋나는 경우가 있다. 예를 들면 취재 지시를 받았는데 이건 '우리 부장이 ○○당을 지지하기 때문에 내린 지시야'라는 생각이 드는 경우다. 또 정유라 취재 사건 같은 경우는 인간으로서의 양심을 저버린 것이냐 아니냐 하는 부분을 고민할 필요가 있다. 내가 보기에 정유라 취재 사건은 인간으로서의 양심을 저버리지 않았다. 정유라가 아기와 둘이서만 그 집에 숨어 있었는데 정유라를 신고해버렸다면 아무래도 양심에 걸린다. 아기 혼자만 남겨지기 때문이다. 그런데 다행히 경호원도 있고 유모도 있으니까 '정유라를 신고해도 되겠다'고 판단할 수 있는 것이다. (신고한 기자가 소속된) 회사는 아마 신고를 하라고 했을 것이다. 기자가 직속 상관한테 보고하고, 회사의 취재 및 보도 방향과 맞는지 회의를 통해 결정했을 것이다.

그다음에는 국가와 국민 또는 사회 공공의 이익을 위해 올바른 행동이었느냐 아니었냐가 쟁점이었을 것이다. 모든 국민이 '도대체 정유라는 어떻게 된 거야?', '정유라한테 들어볼 말이 있는데', '정유라를 취재해야 되는데'라고 생각하는데 정작 정유라는 숨어서 안 나오는 상황이었다. 그래서 기자가 '경찰에 신고해서 경찰이 끌고 나오면 어떻게든 만날 기회가 있겠지'라고 판단했던 것이다. 이 부분에 대해 어떤 사람은 "기다렸어야 했다", "본인을 어떻게든 설득해서 나오게 해야 했다"라고 말하면서 논란이 있었다.

나는 개인적으로 신고하길 잘했다고 생각한다. 어떻게 보면 인간으로서의 양심을 저버리는 행위는 아니었으니까.

이와 관련해서 제일 극단적인 예를 한 가지 들겠다. 로마 교황청이 운영하는 라디오 베리타스라는 라디오 방송이 있다. 라디오 베리타스는 주요 도시에 다 있다. 특히 가톨릭 인구가 많은 도시에. 그중에 필리핀 마닐라가 있다. 예전에 필리핀은 독재자 마르코스가 정권을 쥐고 있었다. 그와 그 부인은 권력을 누리면서 엄청나게 부를 축적했다. 국민은 그 독재자를 향해 촛불을 들고 하야를 외쳤다. 그러자 시민들을 진압하기 위해 탱크가 출동했고 당장이라도 광주 민주화 항쟁 때처럼 피바람이 몰아칠 상황이었다. 그때 라디오 베리타스는 중립을 지키지 않았다. "지금 거리로 나와주십시오. 군에서 탱크를 내보내고 있습니다. 가서 탱크를 막아주십시오. 이 땅의 민주화와 민주주의를 위해서 국민이 거리로 나오셔야 합니다"라고 방송했다. 실제로 많은 시민이 그 방송을 듣고 거리로 뛰쳐나왔다. 물론 필리핀 사람이 거의 모두 가톨릭 신자라서 가능한 일이었지만 시민들이 탱크를 몸으로 막으면서 군부대를 저지했고 결국 독재자는 대통령직을 포기하고 도망쳤다. 이것이 필리핀의 2월 혁명이다.

여기서 언론이 사건에 개입하는 것이 옳은가 그른가의 문제는 역사적인 맥락과 배경 속에서 '무엇이 조국과 국가와 민족을 위해서 옳은 일이냐' 또는 '내가 지금 하고 있는 일이 우리 사회의 공익과 공공을 위해서 필요한 일이냐', '인간으로서의 양심에 위배되느냐', '대체 우리 회사는 이것을 어떻게 받아들이고 판단하느냐'의 기준들이 한꺼번에 계산되어야 판단 가능하다. 그런데 쉽지 않다. 그때는 기자가 결단을 내려야 한다. '윗사람들을 다 밖으로 내몰고 문을 걸어 잠근 다음 혼자 방송을 하느냐 마느냐'의 상황이 되는 것이다.

Q 가장 존경하는 인물은 누구인가?

A 변함없이 청강 장일순 선생이다. 청강 장일순 선생은 1960

년대 박정희 독재에 맞서 싸우다 옥살이를 하신 분이다. 옥살이 이후에는 강원도 원주에 머물면서 민주화운동가 등 좀 더 좋은 세상을 위해 애쓰는 사람들의 스승으로 사셨다. 많은 사람들에게 교훈도 주시고 격려도 해주셨던 분이다.

천주교 신자였던 장일순 선생은 평신도의 신분으로 천주교 정의구현사제단을 만들기도 하셨다. 당시 시국에서 용감하게 목소리를 낼 수 있는 사람은 신부들밖에 없었기 때문이다. 또 우리 사회에서 생명운동을 처음 시작한 분이기도 하다. 나중에는 협동조합도 만드시고 교육운동도 하셨다. 나는 그런 청강 장일순 선생을 제일 존경하고 흠모하며 따르는 동시에 제자의 제자이기도 하다. 내 스승이 그분의 제자이기 때문에. 감히 내가 제자라고 하기에는 뭣하고 제자의 제자다. 언론인 중에 존경하는 사람은 역시 기조를 끝까지 지키시며 〈한겨레〉 신문을 만드셨던 송건호 선생과 리영희 선생이다. 그분들이 제일 존경하는 분들이다.

Q CBS 채용에서 중요하게 여기는 것은 무엇인가?

A 일단 필기를 잘 봐야 한다. CBS 필기는 변별력이 없을 정도로 어렵다. 그다음은 논술이다. 논술을 쓰라고 하면 대개 종이를 놓고 고민한다. 그런데 그러면 안 된다. 주제는 주어졌으니 이와 관련해서 자기가 알고 있는 것들을 가지고 조

그마한 쪽지에 설계도부터 그려야 한다. 그런데 설계도도 그리지 않고 글을 쓰니 시작을 못하거나 용두사미로 끝나버린다. 논술을 쓸 때는 마지막 10분 정도는 반드시 남겨둬야 한다. 한 시간이 주어졌다면 50분까지만 써야 하는 셈이다. 그리고 남은 10분 동안 결론 부분을 써야 한다. 정신없이 쓰다 보면 본론을 반쯤 쓰다가 시간이 모자라 결론을 못 내리는 경우도 있다. 하지만 불행하게도 심사하는 사람들은 맨 위와 맨 밑만 읽는다. 채점은 세 명의 심사위원이 점수를 매기고 평균을 내는 방식으로 한다. 세 명의 심사위원이 적게는 500~600장에서 많게는 1000장의 글을 읽어야 한다. 얼마나 지겹겠는가.

그러니까 글씨는 굵고 깨끗하게 잘 써야 된다. 검은색으로 써야 되는데도 가끔 다른 색으로 쓰는 사람들이 있다. 이러면 햇빛에 비춰봐야 되는데, 짜증 수치가 막 올라간 상태에서 그렇게 읽게 되면 좋은 점수를 기대하기 어렵다. 그러니까 주제가 바뀔 때마다 분명하게 띄어쓰기를 하고 중간 제목을 다는 등 보기 편하게 작성해야 한다. 서론, 본론, 결론 구조나 기승전결 구조나 문제 제기, 반론, 재반론 구조 등 무얼 택해도 상관없다.

또 한 가지 팁을 준다면 수많은 사회 정치적 주제 중에 뭐가 시험문제로 나올지 모른다. 문제를 추측하기도 어렵다. 시험

문제를 받았는데 생전 읽어보지도 않은 주제라면 포기해야한다. 그렇게 되지 않기 위한 방법은 논술을 많이 써보는 것이 아니다. 설계도를 그려보는 것이다. 대여섯 줄의 주제가 시험문제로 나왔을 때를 가정하고 설계도만 연습해보는 것이다. 설계도만 몇백 개 연습하고 논술은 가끔 한 번씩만 써보라. 그 뒤에 수험장에 들어가 질문을 받아보면 설계도를 그렸던 것들 중에 비슷한 것이 있을 것이다. 논술을 열 개 정도썼다고 그 열 개 중에 주제가 걸리리라는 보장은 없다.

자, 그럼 설계도를 그리는 비법이다. 서점에 가서 책을 하나들고 서문과 목차를 꼼꼼하게 읽는다. 그 뒤에는 맨 끝으로 넘어가 후기와 결론만 읽고 책을 내려놓는다. 이렇게 해야 1주일에 서너 권에서 열 권 정도의 책을 읽을 수 있다. 그러면서지식이 쌓이고 대강 언어라도 습득하게 되어 어휘들이 몸에익숙해진다. 목차를 열심히 꼼꼼하게 읽다 보면 논술을 써나가는 패턴이 머릿속에 그려지게 된다. 글을 써나갈 때는 어떤주제에 대해 시간 순으로 풀어가는 방법, 주제별로 풀어가는방법, 제시와 반론과 재반론 및 종합 등으로 전개하는 방법들이 있다. 그래서 목차를 보면서 어떤 식으로 전개해나가는지를 보고 내공을 쌓는 방법이 있다.

면접에 대해 이야기한다면 CBS는 헝그리 정신을 좋아한다. KBS는 점잖고 반듯한 것을, MBC는 세련된 것을 좋아한다.

SBS는 톡톡 튀는 매력을 좋아한다. 회사마다 성격이 다르기 때문에 자기소개서를 쓰거나 취업 준비를 하기 전에 회사의 홈페이지에서 제시하는 비전과 인재상을 파악해야 한다. 메모와 뉴스 검색도 필수다. 지원자의 자기소개서만 800장이고 면접 경쟁률은 40 대 1, 50 대 1이 넘는데 이런 준비 없이 가면 어렵다. 질문도 미리 잘 파악해서 분석해보라.

분명한 것은, 앞으로 5년 동안은 (언론사가) 신입 기자를 거의 안 뽑을 것이라는 점이다. 특히 대형 언론사들은 기자를 뽑으려는 생각이 거의 없다. 대신 일 잘하는 기자들을 데려다 쓸 생각은 있다. 우리도 이미 그렇게 체제를 바꿨다. 예전에는 신입 기자들을 열 명 뽑았다면 경력 기자는 한 명을 뽑을까 말까 하는 정도였다. 하지만 지금은 경력 기자 반, 신입 기자 반을 뽑는다. 다른 곳에서 훈련받은 기자를 스카우트해서 바로 쓰는 것이 효율적이다. 언론사 모두 생존을 과제로 삼아야 하는 어려운 시절이니 새로 기자를 뽑아 가르칠 시간이 없다. 시간도, 돈도, 여력도 없는 것이다. 그것이 거의 모든 언론사의 공통점이다.

그렇다면 경력은 어디서 쌓느냐는 문제가 생긴다. KBS, MBC, 〈경향신문〉, 〈오마이뉴스〉, CBS 등 메인 언론만 노리고 접근하면 문이 좁다. 그러니 작은 인터넷 신문이라도 빨리 들어가서 1~2년 경력을 쌓고 그곳보다 좀 더 큰 인터넷 신문이나 마이너 언론사로 이직하는 것이 유효하다. 아니면 대형 언론사의 자회사, 칸뉴스나 스브스뉴스 등에 먼저 들어가는 것도 좋다. 이렇게 해서 3년, 5년 정도 경력을 갖춘 뒤에 정말 가고 싶었던 언론사에 포트폴리오를 제출해야 한다. 자신이 기획했던 기사나 프로그램 등을 잘 정리해놓는 것이 중요하다. '저는 지금까지 이렇게 노력하고 성장해왔는데 저를 쓰시겠습니까?'라고 제안하는 것이다. 언론사 측에서 먼저 뽑겠다고 제안할 때도 있지만 그것이 아니더라도 자신이 먼저 포트폴리오를 제출할 수 있어야 한다. 왜냐하면 사람을 하나 뽑기 위해 공고를 내기 전에 그러한 포트폴리오가 도착해 있다면 우선적으로 검토해보기 때문이다. 포트폴리오를 짜임새 있게 만들고, 취재 과정에서 생긴 인맥을 통해 언론사에 미리 제시해놓는 것이 좋다. 이제는 어느 언론사에서든 빨리 경력과 스펙을 쌓고, 그것을 이용해 원하는 곳으로 가는 방법밖에 없다. KBS, MBC, SBS 같은 경우는 드라마 PD를 4년 만에 딱 한 번 뽑았다. 이는 프로그램 제작 부분을 프로덕션을 통해 해결하기 때문이다. 프로덕션 측은 청년들을 열정 페이로 힘들게 하며 프로그램을 만들고 방송사는 그것을 관리하는 구조이니 드라마 PD를 뽑겠는가? 몇 년에 한 번씩 담당 PD만 뽑으면 되기 때문에 쉬운 시스템으로 가고 있는 것이다. 이렇듯 기자, PD는 점점 문이 좁아지고 있다.

그러나 이런 언론사 시스템도 10년 뒤에는 전혀 다른 것으로 변해 있을지 모른다. 미국 같은 경우 저널리즘 대학원들을 보면 촬영, 편집, PPT 작업과 짤막한 영화 만들기까지를 대학원 입학 전에 할 줄 알아야 한다. 대학원에 들어와서는 거기에 디지털 기술과 펀딩하는 기술까지 갖춰 미디어 창업까지 해야 한다.

쉽게 얘기하면 '어떡하면 삼성전자에 들어갈까?'를 고민하는 것이 아니라 '삼성전자에 무언가를 납품하는 회사를 만들어봐야지', 아니면 '처음에는 작지만 나중에는 상업적으로 앞서 갈 수 있는 새로운 기술이 없을까?'를 고민하는 것이다. 예를 들면 〈조선일보〉, 스브스뉴스, 노컷뉴스가 아니라 '그것을 앞설 수 있는 새로운 무엇이 없을까?'라는 고민을 해야 한다.

그것이 위키트리, 피키 혹은 요즘 등장하는 수많은 유형의 뉴스 플랫폼들이 될 수도 있는 것이다. 그것들은 기존의 대형 언론사가 만든 것이 아니라 창의적이고 도전적인 젊은이들이 '대형 언론사의 허점과 약점을 찌를 수 있는 것을 만들어보자'라는 생각에서 만든 것이다. 물론 실패도 했겠지만 그 과정을 거쳐 커진 것이다.

아마 종이 신문은 거의 없어질 것이고 인터넷 신문들도 마찬가지일 것이다. 신문의 영역은 줄어들고 방송의 영역은 점점 커지지만 방송의 영역도 예전의 거대한 방송들은 이미 무너지고 있다. 지금도 KBS, MBC, SBS가 밑으로 내려와 거의 JTBC와 같은 선상에 있지 않은가? 나중에는 대형 방송사는 없어지고 중간 크기의 방송사들과 그 밑의 더 작은 방송사들이 생길 것이다. 또한 1인 미디어, 팟캐스트 방송 등 더욱 새로운 형태의 방송국들도 등장할 것이다. 그래서 만약 '이것만 열심히 해서 (언론사에) 들어가면 되겠지'라고 생각한다면 나중에 힘들어질 것이다. 새로운 미래를 내다보거나 새로운 것에 적응할 기본적인 역량을 갖춰야 한다. 항상 머리가 굳지 않도록 탐구해야 하고 다양한 소양을 쌓아야 한다. 언론사보다 언론에 초점을 맞춰 공부하고 기회를 보자. 우리 언론의 미래는 그렇다.

내 안의
소수자성 찾기

변정수_출판평론가

우리 모두는 소수자다

┃

다수와 소수란 뭘까? 낱말 뜻으로만 보면 수가 많다, 적다를 뜻하는 것 같지만 단순히 수의 문제는 아니다. 이를테면 재벌은 몇 손가락 안에 꼽히는 극소수지만, 아무도 재벌을 소수자라고, 마이너리티라고는 하지 않는다. 차라리 '주류'와 '비주류'라고 표현하는 것이 훨씬 적절할 것 같다. 이렇게 사회의 비주류라는 의미를 염두에 두고 '소수자'란 뭘까를 좀 더 파고들어보자.

누구나 자기 경험의 세계 안에서 세상을 본다. 그런데 자기에게 익숙한, 자기 경험에서만 보면 나한테 불만스러운 일들도 있고 당연한 일들도 있다. 하루에 여덟 시간을 잔다면 16시간은 깨어 있게 되는데, 깨어 있는 동안 하는 행동 중에 의식적으로 하는 것이 얼마나 될까? 아마 10퍼센트도 안 될 것이다. 나머지는 그냥 무의식중에, 별생각 없이, 무심코 하는 것들이다. 그런 것들이 일반적인 사람들에게 자연스럽게 받아들여진다면 그게 바로 주류적인 것이다. 그러면 그렇지 않은 사람도 있을까? 물론 있다. 얼마 전부터 '프로불편러'라는 말이 유행하고 있듯이 나한테 익숙하고 내 몸에 맞는 행동을 무심코 할 때 다른 사람들이 '쟤 좀 이상하다'는 시선을 보내는 경우도 있다. 여성, 장애인, 성소수자⋯⋯처럼 사회적으로 이미 이름이 붙어 있는 소수자들도 있지만, 이렇게 이름을 따로 붙이지 않더라도 '나는 내가 생긴 대로 사는데 사람들이 나를 이상하게 봐', 심지어 다른 사람들만 날 이상하게 보는 게 아니라 자신이 생각해도 '나 좀 이상한 사람 같아'라고 한다면 그 사람에게 익숙한 삶의 방식은 비주류적인 것이다. 그것이 바로 '소수자성'이다.

그러니까 다수와 소수는 수의 많고 적음에 따라 나뉜다기보다는 대다수의 사람들이 무엇을 정상이라고 생각하고 무엇을 정상이 아니라고 생각하는가를 경계로 나눠지는 게 아닐까 싶다. 아무리 수가 많더라도, 이를테면 인구의 80~90퍼센트가 익숙해져 있는 삶이라고 하더라도 그 사람들 대다수가 그런 스스로를 이상하게 본다면 그이들은 소수라고 할 수 있다.

한국에서 교육이라는 것에는 언제나 다수와 소수의 문제가 있었다. '20 대 80 사회'라는 말을 들어보았을 것이다. 요즘은 아예 '1 대 99 사회'라고도 한다. 그런데 한국의 교육은 20퍼센트 안에 들지 못하면 죽는다고 겁주면서 어떻게 하든 기를 써서 20퍼센트 안에 들어가라고만 가르친다. 하지만 '20 대 80 사회'란 무슨 노력을 하더라도 열 명 중에 여덟 명은 80퍼센트의 삶을 살 수밖에 없다는 의미다. 그런데도 20퍼센트 안에 못 들어가면 죽는다고만 몰아칠 뿐, 80퍼센트의 삶을 사는 방법은 아무도 가르쳐주지 않는다. 그러다 보니 정말로 80퍼센트의 삶은 투명인간처럼 사회적으로 비가시화되어버린다. 아무리 숫자가 많더라도 사회적으로 눈에 보이질 않으니 죽음이나 다름없게 된다. 역설적으로 그런 이상한 교육의 정당성이 오히려 입증되어버리는 꼴이다. 당당하게 "20퍼센트 안에 못 들어가면 그렇게 되잖아"라고 더 큰 목소리로 외쳐댄다. 80퍼센트에 속한 사람들은 80퍼센트의 삶을 살아야 할 텐데 왜 그 방법을 안 가르쳐줄까? 이런 질문도 사실은 소수자와 관련된 질문이다. 다수와 소수의 권력 관계와 관련된 질문이다.

'처음 자신이 소수자라고 인식하게 된 계기가 무엇인가?'라는 질문을 받을 때가 있다. 알다시피 한국 사회는 적어도 성장기의 학생 때는 성적만 좋으면 다른 것이 좀 부족하더라도 접어주는 사회다. 나도 그런 사회에서 살았고, 그래서 자라는 동안은 내가 소수자라는 생각을 해본 적이 없었다. 그런데 아주 나중에 '왕따'니 '은따'니 하는 표현을 접하고서야, 아 내가 은따였구나 되짚어 깨달아졌다. 학창 시절에 친구가 없었던 것도 아니고 대놓고 따돌림당하는 '왕따'였던 건 아니다. 그런데 희한하게도 학년이 바뀌면 채 한 학기가 지나기 전에 예전 친구들이 싹 사라지고 새로

친구를 사귀곤 하는 일이 해마다 되풀이됐다. 다들 학년이 바뀌고 새 친구를 사귀느라 정신이 없어 소원해진 게 아니라 나만 빼고 다른 친구들끼리는 그럭저럭 잘 지내는데 유독 나만 그 그룹에서 멀어지는 것이다. 그러니까 내게 언제나 친하게 지내는 친구들은 그해에 새로 사귄 친구들이지 몇 년씩 묵은 오래된 친구가 전혀 없었고, 그건 성장기 내내 내게 수수께끼 같은 일이었다.

그러다 스물아홉 살 때, 결정적인 실마리를 찾게 되었다. 당시에 나는 초·중·고등학교를 나온 동네에서 혼자 자취를 하고 있었는데 후배 하나가 그 동네로 이사를 왔다기에 안내를 해준답시고 동네 곳곳을 산책하며 어린 시절의 추억을 더듬다가 저절로 알아채게 됐다. 아, 내가 장애인이었구나, 내가 다른 대다수의 친구들과는 '다른 몸'을 가지고 있구나.

물론 사람마다 다른 몸을 가지고 있다. 하지만 나는 심하게 다른 몸을 가지고 있었다. 그래서 체육 시간에는 다른 친구들은 운동장에서 신나게 뛰고 있는데, 나만 스탠드에 우두커니 앉아서 지켜보곤 했다. 알다시피 예나 이제나 학교는 학생을 가르치는 곳이 아니라 관리하는 곳이다. 사고가 일어나면 교사가 책임을 져야 하기 때문에 조금이라도 위험해 보이면 그냥 열외시킨 것이다. 요즘도 이런 표현을 쓰는지 모르겠지만, 친구들과 편을 갈라 승부를 가리는 놀이를 할 때도 나는 항상 '깍두기'였다. 그렇게 분명한 차별이 있었는데도 나는 내가 다르다는 것을 까맣게 몰랐다. 왜? 그래도 나는 성적도 좋고 선생님들에게 인정을 받는 학생이고, 한국 같은 학벌 사회에서 그래도 다들 괜찮다고 생각하는 대학을 다녔기 때문에, 내가 소수자라고 생각할 만한 계기가 없었던 것이다.

그런데 대학을 졸업하니 취업할 길이 막막했다. 어린 시절의 기억이 새삼스럽게 다른 의미로 되짚어진 것도 그 무렵이다. 아 그래서 그랬구나, 내가 다른 사람이랑 정말 다른 모습이라면 대단히 초인적인 의지와 강단이 없는 한, 아무리 주류 사회에 편입되려고 노력해도 소용없겠구나 하는 생각이 들었던 것이다. 이렇게 되면 삶의 방향이 조금 다르게 흘러가게 된다. "왜 '노오력' 같은 것을 하나, 아무리 해도 안 되는데. 이건 내가 발버둥친다고 해서 해결될 문제가 아니잖아." 그때부터 내 시야에 포착되는 세상사에 대해 글을 쓰기 시작했다.

못하는 것이 아니라 하기 싫은 것

I

내가 우스개 삼아 자주 하는 말이 있는데, 바로 '노느니 염불'한다는 말이다. 지금까지 내가 밥벌이로 해왔던 일이 두 가지 있는데, 하나는 글을 쓰는 일이고, 다른 하나는 출판 편집을 가르치는 일이다. 우선 내가 글을 쓰게 된 계기를 소개하자면, 아쉬운 소리를 늘어놓을 만한 친구도 별로 없는 '은따' 처지로 대학을 졸업하고 한두 해를 대책 없이 세월만 보내면서도 어떻게든 먹고살아야 한다는 생각에 이것저것 일을 찾아보던 시절이었다. 그 시간을 견디기 위해 당시의 통신 게시판(요즘으로 치면 '트잉여'들이 트위터에서 노는 것에 비유할 수 있는데, 그러고 보면 내가 '사이버 잉여' 1세대인 셈이다)에서 내 시야에 포착되는 여러 가지 일들에 대해 떠오르는 대로 주절거리기 시작했다.

하지만 설마 하니 내가 그렇게 글을 쓰다 보면 편집자들이 내 글을 알아보고 원고 청탁을 하고 그러면 글로 먹고살 수도 있겠다는 생각을 했겠는가. 설사 그런 생각을 했다 해도 그랬다면 그 길을 포기했을 것이다. 글 쓰는 일로 밥벌이를 삼을 만큼 내가 글을 잘 쓰는 사람이라고 생각하지 않았던데다가 당장 밥벌이가 급한 처지에선 좀 더 안정적인 수입이 있는 직업이 필요했기 때문이다. 그러니까 직업이나 돈벌이가 되리라는 생각 없이 그야말로 '노느니 염불한다'는 생각으로 잉여 짓을 했던 것이다.

그런데 다행히도 알아봐주는 사람들이 생기기 시작했고

죽 글을 쓸 수 있었다. 하지만 그렇게 얻는 수입은 정말 얼마 되지 않았다. 간신히 용돈벌이 하는 수준으로 10년을 살았다. 아침을 먹으면 점심 먹을 걱정을 하지 않기 시작한 것이 서른일곱 살쯤이었다. 당장 끼니를 걱정해야 할 형편이니 돈이 될 만한 일은 뭐든 했다. 뭘 하고 싶다거나 장기적인 전망을 가늠하며 뭘 준비해봐야겠다는 생각은 할 겨를도 없었다.

그래서 내게는, '취업지도'로 밥벌이를 삼아왔던 이력에 비추자면 뜻밖이겠지만, 별다른 직업관이 없다. 내가 할 수 없는 일을 시키는 것이 아니라면 '돈을 준다는데 왜 못해'라는 생각만 확고했다. 다만 내가 할 수 있는 일의 범위가 굉장히 좁았다. 몸이 워낙 부실하니 글 만지는 일 말고는 선뜻 달려들 수 없었고 일을 맡겨주는 데도 없었다.

가끔 학생들과 얘기하다 보면 좀 궂은 일을 두고 "저는 그런 거는 못해요"라고 말하는 경우가 있는데, 그러면 나는 "좀 정직해져라. 그건 못하는 게 아니라 하기 싫은 거야"라고 일러준다. 할 수 없다는 건 물리적으로 불가능한 일을 뜻하는 것이다. 100킬로그램짜리 역기를 들라고 하면 그건 '할 수 없는' 일이다. 그러나 대개 우리가 '못한다'고 여기는 대부분의 일은 '굳이 하자고 들면 못할 것도 없지만 여러 가지 이유로 하기 싫은' 일이기 쉽다. 당장 끼니가 급하니까 내가 할 수 있고 그 대가를 받을 수 있는 일이면 그냥 할 수밖에 없었다. 그렇게 하다 보면 그 일들에 점점 더 익숙해지게 되고 그쪽 일들을 계속 얻을 가능성이 더 높아지게 마련이다. 그래서 뭐든 닥치는 대로 이것저것 해보라고 권하곤 한다.

내 경우엔, 통상 이력서에는 1년 미만의 이력은 안 쓴다고 하는데, 10년 가까이 닥치는 대로 밥벌이를 했는데도 정작 이력서에 쓸 내용이 없었다. 20대 때부터 다양한 일을 했지만 1년 이상 지속된 게 없었던 것이다. 그런데 그 와중에 역설적이게도 생계의 절박함 속에서 했던 일보다는 말그대로 '노느니 염불'한다고 했던 일들, 그러니까 절대 직업이 될 거라고 기대조차 하지 않았던 일들이 결과적으로는 내 직업이 되었다.

출판 선생을 시작한 계기도 비슷했다. 닥치는 대로 일자리를 찾다 보니 출판사에서도 몇 번 일하게 되었지만, 그게 내 커리어가 되지는 못했다. 일을 좀 해보려고 하면 회사가 망하거나 사장과 싸우고 나오게 되는 식이었다. 1년을 버티기는커녕 석 달을 넘긴 곳도 없었다. 그래도 출판사들을 기웃거리다 보니 책을 만들기 위해 필요한 일들은 거의 다 해본 것 같다. 대학을 졸업하기 직전 후배가 갑자기 아버지의 인쇄소를 잠깐 맡아야 한다고 해서 그 일을 거들면서 인쇄 일을 배우기도 했고, 학교 앞 서점의 경영이 어려워지면서 조합을 결성해 인수했을 때는 서점을 운영하는 일에 참여하기도 했다. 거기에 출판사에서 책을 만드는 일도 해봤으니 책 만드는 일을 보는 시야가 넓어질 수밖에 없었다.

그러던 중에 편집자들이 모여서 놀기도 하고 취업 정보도 서로 주고받는 사이트를 발견했다. 워낙 '사이버 잉여질'에 이골이 나서 프리랜서로 마감에 쫓기는 와중에도 여기저기 사이트에 '노느니 염불' 삼아 글을 써 올리는 일은 계속하고 있었다. 그래서 이 사이트에도 후배나 동료들이 실무에 대한 고민을 올려놓으면, 내가 아는 범위 안에서 답변을 달았다. 나중에 보니 그 사이트의 질문/답변 게시판에서 실무적인 질문에 대한 답변의 90퍼센트가 내가 올린 것이었다. 오죽하면 내가 그 사이트를 운영하는 줄 아는 사람도 있었다.

나는 배워서 남 주자는 생각이었기에 그냥 내가 아는 내용을 공유했던 것뿐인데, 그걸 보고 모 기관에서 편집 강의를 해달라는 의뢰가 들어왔다. 출판업계에선 현업에 있는 사람들이 일과 후 시간을 쪼개서 강의하는 경우는 무척 많지만, 전업 강사로 출판 교육에만 전념한 사람은 아마 내가 처음일 것이다. 그런데 그 계기는 방금 말한 것처럼 그저 '노느니 염불'이었다. '주목과 신망이 높은 사이트에서 열심히 답변을 달아주다 보면 누군가 출판을 가르칠 기회를 줄 테고 그러면 그걸 직업 삼아 밥벌이를 해야지'라고 생각해서 했던 일도 아닐 뿐더러 혹시라도 그런 비슷한 생각이라도 했다면 스스로조차도 어처구니없는 망상으로 여겨 실소를 터뜨렸을 것이다. 그런데 결국은 그게 직업이 되었다. 글을 쓰는 일이건 출판을 가르치는 일이건, 내 직업은 결국 '노느니 염불'에서 출발했다. 밥벌이가 될 거라는 기대 없이 그저 재미로 했던 일들이 결국 나를 먹여 살렸다.

그런데 이게 '소수자성'과 무슨 관련이 있냐고? 나는 그것도 일종의 소수자성이라고 생각한다. 이 사회에서 주류로 자리잡은 삶의 경로는 정형화되어 있지 않은가. 고등학교를 졸업하면 으레 대학에 가고 대학을 졸업하면 남들한테 명함을 내밀어도 민망하지 않은 그런 번듯한 직장에 취업하는 걸 당연히 여긴다. 그렇게 살 수 있는 사람이 그렇게 살겠다는 것에 뭐라고 하는 게 아니다. 그런 사람들이 말 그대로 '주류'이고 (설사 수가 적더라도) '다수'니까.

하지만 여러 가지 제약 조건들 때문에 도저히 그렇게 살지 못하는 사람들도 있다. 각자 나름의 조건 속에서 자기 페이스대로 살 수밖에 없는데, 세상 사람들에게는 그게 아주 이상해 보이는 것이다. "쟤 왜 저렇게 살지?" 나는 살면서 그런 얘기를 많이 들었다. 왜 안 그랬겠는가. 내 또래의 경우 대학 진학률이 25퍼센트쯤이었다. 게다가 성적 상위권 학생들이 간다는 대학을 다니기까지 했다. 그 대학 졸업장을 들고 나이 마흔이 다 될 때까지 변변한 직장도 없이 끼니 걱정에서 헤어나오지 못하는 '루저'로 사는 건 (실제로 그런 사람들이 많건 적건) 특이한 일로 보였을 것이다.

그래도 나는 내 한계 속에서 내게 가장 잘 맞는 삶의 결을 찾아왔기에 그런 말에 별로 위축되지는 않았다. 나는 어린 시절부터 내 몸은 내가 감당할 수밖에 없으니, 내가 감당할 수 있는 범위 안에서 살 수밖에 없다는 생각이 골수에 박혀 있었던 것 같다. 누구도 나 대신 살아주지 않는다. 심지어 재산이나 스펙 같은 조건들이 나 대신 살아주지도 않는다. 그렇기 때문에 나는 내가 감당할 수 있는 테두리 안에서 내게 가장 적절한 삶의 방식을 유지해나갈 수밖에 없는 것이다. 그런데 한국 사회는 매우 집단주의적이어서 집단으로부터 독립한 개인으로 살아가려는 모습 자체가 이미 이상해 보인다.

그런데 지금은 역설적이지만, 또래의 80~90퍼센트가 대학 교육의 혜택을 받고, 그래서 금수저를 물고 태어나지 않은 이들의 처지는 대체로 비슷하다. 그중에 번듯한 명함을 가진 직장에 취업할 수 있는 사람들의 비율이 얼마나 되겠는가. 그런데도 왜 그것만을 정상적인 경로라 여기고 그렇지 못한 사람들을 이상하게 보거나 뒤처진 걸로 보는 걸까. 주류적인 경로로 살아야 한다는 사회적 압력에 짓눌려 있는 부담을 조금만 걷어내고 자신이 정말 원하는 것, 자신에게 맞는 삶의 방식을 찾아가다 보면 직업이나 삶의 조건도 거기 따라올 것이다.

그래서 자기 안의 소수자성을 발견하는 것이 중요하다. 뭐가 나한테 맞는지를 알려면 내가 누군지를 알아야 한다. 대부분의 사람들은 자기가 누군지를 모른다. 앞서 말했듯이 내가 주류 질서로 편입되는 것은 꿈도 못 꾸는 소수자라는 것을 깨달은 것이 스물아홉 살 때였다. 하지만 무엇인가를 깨달았다고 해서 바로 삶이 바뀌지는 않았다. 내 안에 20년 넘게 쌓여온 습속이 하루아침에 송두리째 사라지는 그런 일은 일어나지 않는다. 그 깨달음이 온전히 내면화되기까지는 시간이 좀 더 필요하다. 내 경우엔 안정된 직장에 들어가 직업을 가지고 결혼도 하고 애도 낳고…… 우리가 흔히 무난하게 생각하는, 최소한 남들이 보기에 이상하지 않은 삶을 산다는 것이 내겐 불가능하다는 것을 내 몫의 삶으로 온전히 받아들이는 데 3~4년쯤 걸렸다. 그게 30대 초반이었다.

보이지 않는 소수자성

혹시 〈오아시스〉라는 영화를 보신 적이 있는지. 이 영화에서 설경구 씨가 맡았던 '홍종두'라는 인물은 영화가 진행되는 내내 어린 시절의 나를 떠올리게 했다. 그런데 나중에 영화에 대한 감상을 쓰다 보니까 이 인물을 뭐라고 지칭해야 할지조차 난감했다. 이를테면 문소리 씨가 맡았던 한공주라는 역할은 흔히 '장애인'으로 범주화된다. 하지만 홍종두를 뭐라고 불러야 할까? 풀어 말하자면, 여전히 발견되지 않은 소수자성이 있는 셈이다. 소수자에 대한 흔한 오해 가운데 하나지만 여성, 장애인, 성소수자 등으로 이름 붙일 수 있는 사람들만이 소수자가 아니라는 것이다. 여전히 비가시화되어 있는 소수자성을 가시화해보자는 것이 이 이야기의 핵심이다.

20년 전,《나는 남자의 몸에 갇힌 레즈비언》이라는 책을 내고 나서 가장 많이 받은 질문이 어떻게 남자면서 여성 문제에 그렇게 관심을 가지느냐는 것이었다. 그런데 나는 여성 문제에 특별히 관심을 가져본 적이 없다. 젠더 이슈에 특별히 관심을 가진 게 아니라 그냥 그게 내 눈에 보인 것이다. 최근 몇 년 사이에 페미니즘이 '리부트'되고 있다지만, 20년 전의 상황도 비슷했다. 그저 사회적으로 가시화되어 있지 않은 것들이 눈에 띄었을 때 그게 더 많은 사람들의 눈에 보이도록 자꾸 환기하는 것이다. 한마디로 지금 당신들이 아무렇지도 않게 생각하는 것들에 대해 불편해하는 사람이 있다는 것, 그것을 말하고 싶었던 것이다.

나라고 태어날 때부터 소수자 감수성이 높았을 리가 없다. 한때 오만하게도 내가 소수자 감수성이 꽤 높다고 생각하다가 호되게 뒤통수를 맞은 적이 있다. 나는 한 번도 지하철역에서 이상한 점을 느낀 적이 없었다. 뭐가 이상하냐고? 지하철역에 들어가면 항상 오른손으로 카드를 찍게 되어 있다. 왼손잡이들은 얼마나 불편하겠는가? 그런데도 내가 너무나 당연하게 생각하는 것을 불편해하는 사람이 어딘가에 있다는 걸 조금도 알아채지 못했던 것이다. 오른손으로 카드를 찍는 구조를 그냥 당연하게 여기면서 조금도 이상해하지 않을 수 있다는 건 어떤 의미에서 특권이다. 그게 불편한 사람들이 존재한다고, 그러니 그건 당연한 게 아니라 이상한 거라고 말함으로써 사회적으로 호명될 때 소수자성은 가시화된다.

내가 누구인지 안다는 것은 누군가에게는 당연한 것들 가운데 내게 당연하지 않은 것을 찾아내는 과정이다. 우리는 모두 다르기 때문이다. 어떤 의미에서 우리 모두는 소수자다. 이 세상에 나 같은 사람은 나밖에 없다. 그래서 소수자성을 발견한다는 것은 다른 말로 하면, 내가 개인으로 돌아가는 것, 어떤 집단에도 의지하지 않고 모든 집단에서 독립하는 것이다. '개인'이야말로 '궁극적 소수'다.

우리가 소수자 문제를 다룰 때 제일 오해하기 쉬운 건 이런 것이다. 나는 남성이다. 그래서 남성은 모두 다르다고 생각하면서도 여성은 모두 같은 줄로만 안다. 사실 전부 다른데 말이다. 그럼 장애인은 어떨까? 비장애인의 삶이 모두 다르듯 장애인의 삶도 다 다르다. 사회적으로 보이지 않는 것들을 가시화하기 위해서는 범주화해서 호명해야 한다. 그런 범주화는 눈에 보이지 않는 소수자들의 불편을 가시화하기까지는 유효하다. 그러나 딱 거기까지다. '여성'이라고 뭉뚱그려지는 순간 그 안에 포함된 다양한 여성들은 사라져버리게 된다.

성소수자도 마찬가지다. 이성애자들은 동성애자에게 우호적이건 적대적이건 동성애자들은 이러이러하다는 스테레오타입을 갖고 있는 경우가 많지만, 그런 동성애자는 이성애자들의 머릿속에나 있는 것이다. 이렇듯 개인의 개별성이 기각되고 일정한 범주의 대상화를 통해 객체가 되곤 한다는 데서 우리는 그 집단이 소수자임을 알게 된다. 바라보는 행위를 하는 것은 주체이고 보이는 대상은 객체라고 할 때, 주체가 바로 다수라는 것이다. 그래서 우리가 "소수자 문제에 관심을 갖자"라고 하는 것도 실은 다수의 시선이다. 소수자성을 생각한다는 것은, 내가 누구이고 내게 맞는 삶이 무엇인지를 생각하고 더 치열하게 개인이 되는 것이다.

이게 내 직업과 묘하게 연관된다. 글을 쓰는 일, 아니 영화를 만든다거나 그림을 그린다거나 문화 생산을 하는 모든 일이 마찬가지다. 어떤 자의식이 가치의 원천이 되는 모든 일은 궁극적으로 개인이 되지 않으면 불가능한 일들이다. 모든 집단으로부터 독립되어 있어야 한다. 자의식은 내가 출판편집자가 되려는 이들에게 강조하는 세 가지 중요한 조건(폭넓은 지적 시야, 체화된 긴장, 건강한 자의식) 가운데 하나이기도 하다. 자의식이란 자기가 자기를 어떻게 바라보고 있는가에 관한 문제다.

나는 선생 노릇이란 무지한 사람에게 지식을 전달해주는 것이 아니라 내가 살아가는 모습을 보여주는 거라고 생각한다. 나도 지금껏 여러 선생님을 만나면서 좋아하는 선생님은 나도 모르게 따라 했고, 신뢰가 가지 않는 선생님은 절대 따라 하지 않았다. 그래서 무엇을 가르치느냐보다는 어떻게 사느냐가 훨씬 중요하다고 생각한다. 내가 살아가는 모습이 보기 좋아 따라 하는 후배들이 생길 만큼, 나 스스로에게 당당하게 살고 싶다. 그리고 그건 내가 얼마나 치

열하게 궁극적인 소수, 개인이 될 것인가에 달려 있는 문제
일 것이다.

출판의 현재, 그리고 미래

|

출판 분야를 진로로 고민하는 분들을 위해 출판 이야기
를 조금 해보겠다. 출판계에는 20년 전부터 꾸준히 연초마
다 혹은 연말마다 올해가 단군 이래 최대 불황이라는 얘기
가 나온다. 그러다 보니 이제 사람들은 그 말을 곧이곧대로
믿지 않는다. 그러나 그것이 엄연한 현실이다. 10년 전에
비해 지금 출판계 매출은 대략 절반 정도로 줄어든 것 같
다. 그리고 몇 년 안에 여기서 다시 절반 정도로 줄어들 것
같다. 독자가 줄어들고 있어서 어쩔 수 없는 현상이다.

우리나라의 단행본 출판 시장 규모를 1조 5000억 원이
라고 가정해보자. 이건 꽤 넉넉히 잡은 추정치다. 현장 체
감은 그보다 더 낮춰잡는 게 일반적이다. 그리고 여기에 모
든 출판사가 이윤을 목적으로 하지 않고 수익을 전부 재투
자한다는 비현실적인 가정을 하나 더 해보자. 왜 이런 비현
실적인 가정을 하냐 하면, 얼마나 많은 종사자들을 먹여 살
릴 수 있는지를 따져보기 위해선 총비용에서 인건비가 차
지하는 비중을 계산해보는 게 편하기 때문이다.

출판산업에서는 이 비율이 10~15퍼센트 정도면 적당하다고 본다. 20퍼센트를 넘어서면 경영이 위험한 수준이라고 보는 게 통례다. 그런데 출판사에는 영업이나 관리처럼 비생산 부문에 종사하는 사람도 있고 그 비율은 어림잡아 3분의 1 정도다. 편집자나 디자이너 같은 생산 부문이 3분의 2라고 할 때, 편집자들에게 돌아갈 수 있는 임금 총액은 총 비용의 10퍼센트인 1500억 원 정도가 된다. 1500억 원이면 굉장히 많은 것 같지만, 나눠보면 그렇지도 않다.

현재 단행본 편집자 중에는 20년 차도 있고 10년 차도 있고 신입도 있을 것이다. 당장 취업했을 때 얼마를 받을 수 있는지가 최대 관심사일 테니 초임도 중요하겠지만 직업의 전망을 생각하자면 지금부터 50세쯤 될 때까지 받을 수 있는 급여의 평균치를 따져볼 필요가 있다. 아무리 못 받아도 생애 평균 연봉이 3000만 원은 되어야 한다고 하자(어느 업계에선 초임이 3000만 원을 넘는 판국에 생애 평균 임금을 이렇게 낮춰잡아도 되는지 한숨이 나오긴 한다). 1500억 원을 3000만 원으로 나누면 5000이 나온다. 단행본 시장의 규모를 아주 넉넉하게 1조 5000억 원 정도로 잡고, 게다가 수익을 전부 재투자한다는 비현실적인 가정까지 하고 생애 평균 연봉을 3000만 원으로 무지막지하게 후려치기까지 했는데도 기껏해야 5000명 정도를 부양할 수 있는 게 우리나라 단행본 출판산업의 규모다. 사실 안정적으로 고용되어 있는 편집자는 3000명 안팎일 것이다. 단행본 출판에 종사하는 편집자만 대략 1만 2000명 정도라고 한다. 끔찍한 얘기다. 앞으로 상황은 점점 더 나빠질 것이다. 나빠질 수밖에 없는 두 가지 구조적인 요인이 있다.

먼저 지식산업이라는 것은 전형적인 중산층을 겨냥하는 산업이다. 책을 읽으려면 어느 정도 경제적인 안정과 시간적인 여유가 확보돼야 한다. 그것을 갖춘 사람들이 중산층이다. 하지만 알다시피 중산층은 계속 축소되고 있고, 따라서 책을 읽을 수 있는 사람의 규모도 그만큼 줄어들고 있다. 게다가 지금은 중산층조차도 언제든지 도태될 수 있는 무한경쟁 사회이기 때문에 사람들이 정신적인 여유를 갖기 힘들다. 책을 읽을 겨를이 있을까.

두 번째로 문화적 황폐함이다. 지금 책을 읽는다는 것은 책을 읽는 훈련이 어느 정도 되어 있다는 의미다. 어제까지 책을 읽지 않던 사람이 오늘 갑자기 책을 읽어야겠다는 생각이 들었다고 해서 바로 책이 눈에 들어올 리가 없다. 그러니까 독서는 어려서부터 훈련되어야 하는 것이다. 여기엔 대학 입시의 문제가 얽혀 있다.

물론 예전에도 입시의 압력은 있었다. 서울 변두리 고등학교를 다녔던 내 경험에 국한하자면 예컨대 반에서 5등까지는 소위 명문 대학에 갈 수 있었고 30등 정도까지는 4년제 대학에 갈 수 있었다. 그런데 이 사이에 애매하게 10~20등 정도 하는 친구들이 있었다. 죽어라 공부해도 5등 안에 들어갈 가능성은 희박하지만, 대충 놀아도 30등 아래로 떨어질 가능성도 거의 없는 친구들이다. 그들은 대충 놀면서 한눈을 팔고 독서를 포함한 다양한 문화적 모색에 이끌렸다. 또 40~60등의 하위 그룹을 벗어나기 어려운 친구들은 일찌감치 대학 진학을 포기하면서 나름대로의 문화를 만들어간다. 성적이 좋건 나쁘건 책을 읽을 여유는 있었던 셈이다.

그런데 지금은 그렇지 않다. 요즘은 초등학생들도 대학 서열을 줄줄 읊는다고 한다. 한 등수를 올리기 위해 혹은 한 등수라도 떨어지지 않기 위해 죽도록 공부하는 것 말고는 한눈을 팔 겨를이 없다. 이렇게 되면서 점점 책을 읽는 습관을 기르기가 어려워졌다. 그러면서 독서 인구가 급격하게 감소했다.

심지어 앞서 말했던 1조 5000억 원의 매출도 대부분은 지식 상품으로서의 책과는 거리가 멀다. 슬픈 일이다. 실제로 출판 종사자들을 먹여 살리는 책들은 일종의 유행 상품들이다. 일례로 몇 해 전 〈시크릿가든〉이라는 드라마가 한창 인기일 때 서점가에 갑자기 괄목할 만한 매출을 기록하는 책들이 등장했다. 그걸 대중매체에서는 '주원이의 서재'라고 불렀다. TV에 PPL로 나오는 책들 말이다. 책이라기보다는 액세서리라고 보는 게 적절할 것이다. 그래서 그 무렵 썼던 글에서, "이제 우리는 대답해야 한다. 주원이의 서재에 있었던 그 책들과 하지원이 매고 나온 머리띠가 무엇이 다른지에 대해서"라고 쓰기도 했다. 사실 다를 게 없다. 그러니까 이제 출판을 하는 사람들은 액세서리를 만들어서 먹고살고 있는 것이다.

물론 책이 액세서리가 되지 말라는 법은 없다. 베개부터 냄비받침까지 책의 용도는 다양하다. 다만 책을 만들어온 사람 입장에서는 참 슬픈 일일 따름이다. 내가 지금 말한 두 가지 문제는 구조적인 배경이 있기 때문에 하루아침에 개선될 일이 아니다. 정부에서 요란하게 독서 진흥책을 시행한다고 하지만 그렇게 해결될 문제는 더더욱 아니다.

그래서 직업으로서의 출판편집자는 위기에 처해 있다. 책이 존재하는 한 누군가는 책을 만들겠지만, 머지않아 책을 만드는 일만으로는 온전히 생계를 감당하지 못하게 될 것이다. 아니, 그렇게 된다면 누가 책 만드는 일을 하겠냐고? 이렇게 말해보자. 한국에도 소설가는 꽤 많다. 하지만 그중에 전업 작가는 아주 예외적인 케이스다. 시인도 헤아릴 수 없이 많지만 전업 시인은 아예 불가능한 일이다. 편집자도 마찬가지가 될 것이다. 물론 전업 편집자가 아주 없어지지는 않을 것이다. 다만 그건 전업 작가가 그렇듯 아주 예외적인 성취일 것이다. 또 전업 작가를 목표로 소설을 쓰는 작가는 없듯, 전업 편집자를 목표로 책을 만드는 편집자도 어불성설일 것이다.

그래서 나는 출판산업에 관심이 있다는 사람들에게 항상 이렇게 말한다. 지금 할 수 있는 일이라면 뭐든지 하라고. 나에게 밥을 가져다주는 일, 그러니까 직업을 따로 가지라는 것이다. 그러면서 책을 만드는 일에 참여할 기회가 닿는 대로 차근차근 관록을 붙이라는 것이다. 그럴 수 있는 기회는 아마추어 출판 활동을 통해 넓힐 수 있다. 물론 모든 아마추어에게 비록 전업은 아닐망정 일정한 대가를 받는 일거리를 얻을 기회가 다 주어지지도 않을 테고, 또는 그런 푼돈벌이 자체보다는 일의 재미에 이끌려 책 만드는 일을 하는 모든 사람이 다 전업 편집자가 되지는 못할 테지만. 작가도 화가도 대부분의 문화산업이 그런 구조인데 편집자만 예외인 것도 이상한 일이다.

Q&A

Q 소수자라는 낙인이 두려워 소수자성을 드러내지 못하는 사람들은 어떻게 해야 할까?

A 어려운 문제다. 사실 누구라도 소수자성을 드러내게 되면 곧바로 차별에 직면하게 된다. 실은 그러니까 소수자다. 그래서 누구에게든 소수자성을 드러내라고 강권할 수 없는 것이다. 그것은 스스로 결단해야 할 부분이다. 어쩌면 죽을 때까지 소수자성을 드러내지 않고 살 수만 있다면 사회적으로는 바람직하지 않을지 몰라도 개인에게는 다행스러운 일일 수도 있다. 아무도 그걸 용기가 없다고 비난할 수는 없다. 반대로 용기를 내는 사람들이 대단하다고도 생각하지 않는다. 대단히 용감한 사람이어서가 아니라 어쩌면 더 약한 사람이기 때문에 소수자성을 드러내는 것이다. 더 이상 이렇게는 살 수 없는 어떤 임계점에 이르러서 자신을 속이며 살지 않기로 결단한 것이다. 그래서 스스로 안다. 그 임계점에 이르렀는지 이르지 않았는지.

다만 한 가지는 얘기할 수 있다. 잘하면 될 거 같고 견딜 수 있을 거 같고 드러내지 않아도 살 수 있을 거 같다. 그런데 계속 그러면 스스로의 인생이 허망해질 수도 있다. 그렇기 때문에 자신을 좀 더 정직하게 들여다보아야 한다. 내가 임계점에 왔는지 안 왔는지는 자기 자신만 대답할 수 있는 문제다. 누구나 '더 이상 방법이 없구나. 내가 이걸 드러내지 않으면 숨이 막혀서 못 살겠다' 싶은 순간들에 직면하게 되는데, 그 순간에 피하지만 않으면 된다고 생각한다.

살다 보면 무서운 것들이 참 많다. 그럴 때 나는 "무서워하지 마. 별거 아니야"라고는 말하지 못하겠다. 무서운 것을 무서워하지 말라고 하면 무섭지 않나? 그렇게 되지도 않거니와 실은 더 중요한 문제가 있다. 그래서 이를 악물고 더는 무서워하지 않게 된다고 치자. 그런데 무섭지 않은 것을 무서워하지 않는 게 무슨 용기겠나. 그건 용기도 아무것도 아니다. 그래서 나는 차라리 '더 무서워하라'고 하고 싶다. 내가 어떤 선택을 무서워하는 것은 그 결과가 무서워서다. 그렇다면 그것을 선택하지 않았을 때의 결과는 무섭지 않으냐고 스스로에게 물어보라는 것이다.

워낙 '모두 까기' 노릇에 이골이 나 있다 보니 온갖 욕을 듣기도 하는데, 사람들이 내가 무슨 엄청난 용기가 있어서 그러는 줄 알면 참 민망하다. 세상에 무서운 게 없는 '멘탈 갑'이라고 추켜세우기도 하는데, 나라고 왜 안 무섭겠나. 무섭다. 무서운 게 없으면 내가 다수지 소수겠나. 하지만 그래도 참아넘기지 못하는 건 그러지 않고 침묵했을 때가 더 무섭기 때문이다. 혹시라도 내가 남들이 보기에 꽤 용기 있는 선택을 했다면 그건 내가 비겁한 사람이기 때문이다. 왜냐하면 그 선택을 하지 않았을 때의 결과가 더 무서웠던 것이다. 남들 눈에는 용감해 보일지 몰라도 나는 내가 비겁하다는 것을 안다.

Q 출판평론가라는 직업을 추천해주고 싶나?

A 출판평론가는 되고 싶다고 해서 될 수 있는 직업이 아니다. 전에 이런 질문을 받은 적도 있다. 출판에 대해서 강의를 하려면 어떤 자격증이 필요하고 어디서 어떤 공부를 해야 되느냐고. 하지만 그런 과정이 있다는 얘기는 듣지 못했다. 그저 출판 현상에 관심을 가지고 꾸준히 글을 쓰다 보니 출판평론가 소리를 듣게 되었다.

처음에는 아마추어적으로 글을 썼다. 프로와 아마추어의 차이는 딱 하나다. 돈을 받느냐 안 받느냐. 예전에는 프로페셔널한 글쟁이가 되려면 매체 편집자의 간택을 받아야 했다. 하지만 요즘에는 누구나 자기 글을 공개할 수 있는 매체가 늘고 있다. 어느 인터넷 신문은 "모든 시민은 기자"라고 하지 않던가. 그러니까 누구나 특정 이슈에 관심을 가지고 있고 그것에 대해 글을 쓸 수 있다면 쓰면 된다. 그러다 보면 대가가 따르는 글을 써달라는 사람도 생긴다. 그러면 평론가다. 평론가가 되는 절차가 따로 있어서 그걸 통과한 사람이 평론을 쓰는 게 아니다.

평론가라는 직업을 추천하느냐고 묻는다면, 세상에 추천하지 않을 만한 직업은 없다고 답하겠다. 합법적인 모든 직업은 밥을 가져다주는 소중한 것이고 자신이 감당할 수만 있으면 좋은 것이다. 그런데 혹시 이 질문이 직업적인 전망에 관한 것이라면 전혀 전망이 없다고 말할 수는 있다. 출판평론가가 글을 쓸 수 있는 지면이 별로 없다. 현재 우리나라에서 본격적으로 출판평론을 하는 사람은 두세 분 정도고 그 외에는 사실 '서평가'인데, 요즘은 전문 서평가들도 설 자리가 별로 없다. 서평은 서평가보다는 그 분야의 전문가에게 받는 게 더 설득력이 크기 때문이다. 예를 들어 언론학에 관한 책이라면 언론학자들에게 서평을 받지 서평가에게 서평을 맡기지는 않는다. 하물며 출판평론이라고 하면 출판산업을 조망하는 시야가 필요한데 그런 주제가 논의되는 공론장 자체가 부실하기 때문에 활동 공간이 별로 없다.

Q 현재 출판 시장이 어려운 것으로 알고 있다. 출판인들이 이 위기를 어떻게 극복해나가야 할지 궁금하다.

A 여러 가지 방법이 있을 것이다. 다만 한 가지는 분명하다. 질문처럼 출판을 시장이라고 전제한다면 답은 없다. 지금 나름대로 이 산업을 지탱해주고 있는 책들은 '액세서리'나 다

름없다고 앞서 말했다. 하지만 이것도 한계가 너무 뻔히 보인다.

오히려 답은 시장 바깥에 있다고 본다. 시장에서 벗어나 공공화되어야 출판산업에 길이 열릴 것이다. 우리나라에 공공 도서관이 4000개쯤 있다고 생각해보자. 4000개라면 인구 1만 명당 하나꼴이다. 그러면 서울 같은 도시 지역에서는 걸어갈 수 있는 거리다. 그리고 도서관마다 도서 구입비를 연간 2억 5000쯤 집행할 수 있다고 하자. 그러면 약 1조 원 정도의 수요를 공공적으로 떠받치게 된다. 그 정도라면 안정적인 재생산이 가능해진다. 물론 도서관을 지어 책을 들여놓는다고 해서 사람들이 책을 읽게 되지는 않는다. 책을 읽을 시간이 있어야 한다. 그래서 최고의 독서 진흥책은 노동시간의 단축이라고 생각한다. 덧붙여 입시 경쟁을 완화해서 성장기에 독서 습관을 자연스럽게 형성할 수 있게 해야 한다.

Q 기존 출판산업에 대한 전망이 비관적인 것 같다. 그러나 종래의 아날로그적인 출판산업은 지속되어야 할 가치가 있지 않은가? 출판산업을 돕기 위해 작게나마 독자들이 할 수 있는 일이 없을까?

A 먼저 아날로그냐 디지털이냐 하는 출판의 형식은 개인의 취향 이상의 의미는 없는 것 같다. 그것보다 중요한 것은 글

안에 담겨 있는 내용이다. 사실 사람들이 아날로그적이라고 생각하는 종이책도 90퍼센트 이상 디지털화된 과정을 거쳐 나온다. 진정한 의미의 '아날로그'라면 옛날처럼 사람이 손으로 원고지에 글을 쓰고, 식자공들이 활자 하나하나를 조합해서 판면을 만들어야겠지만, 지금은 그런 식으로 책을 만들지 않는다. 전부 디지털화된 과정을 거치고 있다. 이것을 아날로그적이라고 할 수 있을까?

물론 책의 물성이나 종이의 질감 같은 것들을 중요하게 생각할 수도 있다. 그러나 그것은 취향의 문제다. 따라서 나는 그게 꼭 지켜야 할 가치라고 생각하지는 않는다. 다만 현실적으로 이런 문제는 있다. 아직은 전자책의 만듦새가 너무 조악하다는 것이다. 사람들은 출판이 디지털화되면 비용이 절감된다고 생각한다. 그런데 종이 값이나 인쇄비만 비용이 아니다. 책을 만드는 일에는 읽기 좋게 글자를 배열하는 기술 등 인류가 오랫동안 축적해온 여러 가지 경험들이 녹아 있다. 그래서 우리가 인쇄된 책을 편하게 읽을 수 있는 것이다. 글줄의 길이, 글자 사이의 간격, 줄 간격 등과 같이 사람이 텍스트에 집중할 수 있도록 오랜 세월에 걸쳐 축적된 체제가 있다. 그런데 대부분의 전자책들은 이런 문제에 전혀 신경을 쓰고 있지 않다. 많은 비용이 들어가는 일이기 때문이다. 종이책은 20~30페이지를 읽어도 언제 읽었는지 모르게 쑥쑥 잘 넘어가지만 전자책은 5페이지만 넘겨도 피곤해지는 건 전자파 때문이 아니라 레이아웃이 불안정하기 때문이다. 지금 전자책을 읽을 수 있는 다양한 매체들이 있다. 스마트폰에서부터 다양한 크기의 디스플레이 포맷들이 있다. 어떤 크기의 화면에 표현되느냐에 따라 읽기에 가장 좋은 레이아웃을 설정하려고 하면 거기엔 엄청난 경제적·시간적 비용이 들어갈 수밖에 없다. 그래서 나는 적어도 상업적으로는 전자책의 미래가 어둡다고 생각한다.

다시 질문으로 돌아가 독자들이 출판을 위해 무엇을 할 수 있는가에 답변해보겠다. 지금 출판에 가장 필요한 것은 좋은 독자다. 좋은 글을 알아볼 수 있는 독자들이 점점 줄어들고 있다. 그런 의미에서 책의 물성에 집착하지 말았으면 좋겠다. 책을 좋아하는 게 아니라 글을 읽는 것을 좋아해야 한다. 우스개로 '활자 중독자'라고 하는데, 요즘에는 활자 중독자들이 줄어들다 보니 글 읽는 힘을 길러주는 책들도 점점 줄어들고 있다. 따라서 글을 읽는 것을 좋아하는 동시에 읽을 만한 글을 찾아 읽는 안목도 계발해야 한다. 그러려면 자신의 독서를 기록해야 한다. 책을 읽으면 독서 일기를 써라. 그리고 그 책에 대해 다른 사람들과 이야기를 나눠라. 이런 과정에서 책을 읽는 안목이 키워진다. 조금씩이라도 기록을 늘려나가고 다른 사람들과 의견 교환을 통해서 자기의 부족한

부분들을 채우고 혹은 어떤 부분에서는 고무받기도 하면서 같이 책을 읽을 수 있는 사람들을 만들어가야 한다. 한두 사람이라도 좋으니까 책을 읽고 이야기할 수 있는 관계들을 만들어가야 한다. 나는 이런 것들이 책의 미래 혹은 책을 위한 작은 실천이라고 생각한다.

Q 많은 소수자들이 독립적이고 주체적인 개인이 되는 과정에서 좌절한다. 어려움을 겪고 있는 소수자들에게 조언해준다면?

A 좌절의 양상에 따라 이야기가 아주 달라질 것 같아서 싸잡아 얘기하기는 어렵다. 다만 독립된 개인의 가장 중요한 코드 중 하나가 자존감이다. 그런데 주변에서 들려오는 말들 때문에 위축된다면 그건 자존감이 아니라, 굳이 말하자면 '타존감'이다. 자존감은 자기가 자기를 존중하는 것이지 남한테 존중받는 것이 아니기 때문이다. 나는 자존감은 '그래서'가 아니라 '그럼에도 불구하고'라고 말한다. 외부의 요인 때문에 좌지우지되는 것은 자존감이 아니라고 생각한다. 오히려 자존감은 내가 타인들에 의해 괴롭고 힘들어서 스스로도 위축되고 나 자신이 싫어질 때, 그럼에도 불구하고 내가 나를 끝내버릴 수 없다는, 죽지 않는 이상 나는 내가 지고 살아야 하는 내 몫이라는 의식이라고 생각한다. 나 같은

경우에는 그런 상황에서 자존감이 더 단단해질 수 있었다. 결국 내가 나를 존중할 이유가 하나도 없음에도 끝내 나를 버릴 수 없기 때문에 존중할 수밖에 없음이 바로 자존감일 것이다.

내 안에 잠든
스파이를 깨워라

송은주_문화마케팅 전문가

두 바퀴로 굴러가는 세상

Ⅰ

20대 중반부터 30대 중반까지 1년 중 반을 해외 어디선 가 보냈다. 미주, 유럽, 아프리카는 물론이고 지구본 어디 에 표시되어 있는지도 몰랐던 곳에서 다양한 사람들과 머리를 맞대고 업무를 했다. 그렇게 10년 동안 나만의 성공담 과 실패담이 쌓여나갔다. 그러다가 30대 중반부터 다른 인생 궤도로 방향을 수정하게 되었다. 정책이라는 분야로 관심이 옮겨갔던 것이다.

10년간 세계를 돌아다니며 다양한 문화와 사람들을 마주하면서 느낀 것이 있다. 우리의 삶은 커다란 두 개의 축으로 움직인다는 것이다. 거대한 두 개의 축 중 하나는 개인이 만들어나가는 것이고, 하나는 사회라는 전체를 굴리는 축이다. 우리는 정부의 정책, 제도, 시스템, 규제와 같은 것들에 영향을 받는다. 그래서 개인의 삶 중에는 국가의 정책이나 시스템의 뒷받침이 없으면 아무리 노력해도 극복할 수 없는 일이 많다.

이 두 바퀴가 함께 굴러가기 때문에 정책이 매우 중요하다는 생각을 했다. 우리의 식탁에 오르는 음식이 안전할 것인지, 우리가 오른쪽으로 걸을 것인지 왼쪽으로 걸을 것인지, 아이들이 어떤 책으로 역사 공부를 할지도 정책이 정한다. 내가 은행에 돈을 넣으면 금리가 얼마가 될지, 내가 대출을 얼마나 받을 수 있을지도 정책에 달렸다. 정책이 삶에 미치는 엄청난 영향들과, 어떻게 하면 이것이 나아질 수 있을지에 대해서 30대 중반에 박사 공부를 시작했다. 그렇게 일을 하면서 박사 공부를 병행하게 되었고 나만의 해답을 찾아 나서기 시작했다.

현재 나는 지구촌 곳곳에서 일어나는 일들을 관찰하고 분석해 특히 사람과 제도, 사람과 문화 사이의 상호작용을 알아내고 거기서 일어나는 일들이 우리 삶에 어떤 영향을 미칠지, 우리는 그것들을 어떻게 수용할지에 대해 한 발짝 앞서 읽어내는 일을 하고 있다. 또한 그걸 기반으로 다양한 연구나 프로젝트도 수행하고 있다.

지금까지의 이야기를 들으면 내가 매우 외향적인 사람이라고 생각할지도 모르겠다. 낯선 환경에서 새로운 문화를 가진 사람들과 이야기를 나누고 내 아이디어를 팔고 프레젠테이션하고 좋은 관계들을 유지하면서 협업을 이끌어내는 것이 내 일이었고 나름 잘 수행해왔으니 말이다. 그런데 나는 그때마다 침낭을 싸들고 외딴섬에 혼자 가서 행복해하는 자신을 상상하곤 했다. 외향적이어야 하는 사회인 송은주와 자연인 몽상가 송은주는 마음속에서 늘 이렇게 충돌했다.

이런 딜레마에도 불구하고 10년 넘게 세상을 돌아다니며 귀를 열고 다양한 문화를 체험할 수 있었던 비밀 병기가 바로 '내 안의 스파이'였다. 그 스파이 덕분에 서로 충돌하는 두 송은주가 서로 연결하고 협업할 수 있었다. 30대 중반쯤에 이 사실을 깨닫고, 적극적으로 내 안에 잠들어 있던 스파이를 깨워서 내 인생의 동행자로 함께하게 되었다. 그래서 내 안의 스파이가 좀 더 일찍 깨어났더라면 어땠을까 하는 아쉬움이 크다. 20대에는 사실 몰랐고 자꾸 억누를 수밖에 없었다.

이렇게 억누르기 쉬운 스파이라는 존재. 그렇지만 내게 어마어마한 영향력을 행사하고 어쩌면 독자들에게도 변화를 일으킬지 모를 스파이의 정체, 궁금하지 않은가?

내 안에 스파이가?

ㅣ

내 안에는 다양한 내가 있다. 엄마를 대할 때의 나, 교수님을 대할 때의 나, 친구를 대할 때의 나, 다 다르다. 우리는 환경에 맞추어 다양한 나를 적절한 시기에 사람들한테 꺼내 보이며 살아간다. 왜냐하면 '나'는 다양한 '나의 집합체'이기 때문이다. 나라는 커다란 테두리의 정체성은 유지하지만 다양한 내가 들어갔다 나왔다 하면서 일상을 영위하게 된다.

우리 안에 다양한 정체성이 있지만 그중에는 특별한 존재도 있다. 바로 '스파이'다. 이는 우리 안에 내재해 있지만 어떻게 활약하게 하느냐에 따라서 새로운 국면을 만들 수 있는 비밀 병기 같은 존재다. 세계적인 족적을 남긴 이들 중에 이 스파이를 자기 삶의 아주 중요한 동반자이자 동력으로 대접한 이들이 다수다. 《연금술사》의 작가인 파울로 코엘료도 그중 한 명이다. "난 아침에 일어나면 제일 먼저 이걸 챙긴다. 매일매일 이것의 활약이 궁금하다. 그리고 이것은 내 인생을 만들어준 동력이었다." 코엘료의 말이다.

이번에는 한 여인의 이야기다. 이 여인은 보통 키의 평범한 남자와 결혼했고 남편과의 대화는 "애완용 거북이 밥 줬어?", "안 줬어", "어, 줄게"가 전부다. 자신에 대해 "어중간한 삶을 살고 있는 평범한 사람"이라고 규정하는 여인의 삶은 한없이 단조롭다. 어느 날 여인이 시장에서 사과를 한 보따리 사서 집으로 돌아온다. 언덕바지 집을 향해 높은 계단을 올라가다가 그만 발을 헛디디고 만다. 사과는 계단 아래로 굴러떨어지고 여인은 계단 중간에 대자로 뻗었다. 엎드려 있던 그녀의 눈에 띈 것은 계단 가장자리 모퉁이에 붙어 있는 조그만 전단이었다. 전단에는 '스파이 모집'이라고 쓰여 있었다.

여인은 밤새 생각한다. '지원할까?' 결국 여인은 스파이 모집 장소에 간다. 스파이 모집 공고를 보고 왔다는 말에 길거리 어디서나 만날 수 있을 법한 아줌마, 아저씨가 반갑게 맞아주며 면접을 보자고 한다. '면접이라니!', 여인의 심장이 쿵쾅거린다. 한편 면접관이라는 아줌마, 아저씨가 겉보기에 그저 평범한 사람들인 것이 의아했다. 스파이는 뭔가 대단한 것이라고 상상해왔는데 말이다. 그들은 여인의 자기소개를 듣더니 단박에 스파이로 채용한다. "저는 평범한 사람으로 평범한 일상을 살고 있습니다"라고 면접에서 말했기 때문이다. 스파이의 채용 요건은 '평범하게 살고 있어 눈에 띄지 않을 것'이었다.

여인은 새로운 임무를 맡게 된다. 바로 최대한 평범하게 행동하고, 평범하게 살며 잠복을 하는 것이었다. 그러면서 그 동네에 사는 다른 스파이들이 누군지도 듣게 된다. 집으로 돌아오는 길에 여인은 이렇게 생각한다. '평범하게 사는 잠복 임무? 나는 스파이로 최고로 성공하겠네. 나처럼 평범한 사람이 어디 있어.' 그런데 다음 날부터 그녀에게 아주 이상한 일들이 생기기 시작했다. 매일 아침마다 털던 이불인데, 다음 날 아침에는 '평범하게 이불을 털려면 어떻게 해야 하더라?'라고 스스로의 행동을 의식하게 된 것이다. 심지어는 청소를 하면서도 '뭘 해도 스파이라고 생각하니까 두근거리네. 지금도 평범함을 가장해서 뭔가를 하고 있잖아'라고 생각하게 된다. 그러면서 아무것도 없을 것 같은 일상에도 여러모로 다른 면이 있다는 것과 자기 안의 '스파이'를 깨닫게 된다. 이 이야기는 〈거북이는 의외로 빨리 헤엄친다〉라는 일본 영화의 앞부분이다.

이 이야기에서 볼 수 있듯이, 스파이는 억눌려 있는 수면 상태에서 깨어나면 어마어마한 변화를 가져오게 된다. 이 스파이의 정체에 대해 조금 더 자세히 알아보자.

내 이름은 호기심, 스파이죠

ㅣ

'스파이' 하면 무엇이 떠오를까? 제임스 본드나 마타하리 같은 사람들이 떠오른다. 보통 우리에게 유용한 정보를 비밀리에 가져와 상황을 반전시키는 사람을 스파이라고 부른다. 우리는 우리 안에 있는 스파이의 정체를 밝히고 그것을 깨울 수 있다.

이 스파이의 정체는 무엇일까? 바로 '호기심'이다. 사람들은 자신이 호기심이 있는지 없는지 잘 모를 수도 있다. 왜냐하면 스파이를 의심하고 호기심을 억누르기 때문이다. 배가 고프면 뭔가 먹고 싶은 것처럼 호기심은 인간에게 모두 내재되어 있는 원초적 본능이다.

어린아이들을 보면 세상에 대한 호기심이 가득하다. 예

를 들어 부모님이 주방에서 오이를 손질하고 있으면 아이는 묻는다. "오이는 어디서 나는 거야?", "오이는 왜 초록색이야?", "오이는 언제부터 먹었어요?" 그러면 부모는 한두 번 대답해주다가 나중에는 건성건성 대답한다. 그리고 아이가 학교에 들어가고 호기심을 표출하려고 하면 딴짓말고 공부하라는 반응이 돌아온다. 이렇게 호기심을 자꾸 억누르게 된다.

지금까지의 사회는 대량생산을 위한 시스템이었기 때문이다. 그런데 이제는 이런 시스템이 무너지는 4차 산업혁명 시대가 도래했다. 그렇기 때문에 호기심이 더욱 중요하다. 호기심이 불쑥불쑥 고개를 들 때 이를 깨워서 동반자로만들어야 하는데, 어떻게 활용해야 할지를 몰라서 그냥 내버려두는 경우가 많다.

"나는 특별한 재능이 없어요. 나는 오로지 호기심만 가득할 뿐입니다." 아인슈타인이 말했다. 호기심은 '왜?'에 대한 배고픔과 허기다. 숨겨진 이야기와 동기를 찾는 것, 자신이 흥미롭게 여기는 것을 알아내고 그것에 끌리는 것이다. 호기심을 깨우면 안 보이던 세상이 보인다. 그렇게 새로운 세상의 가능성에 마음이 열리고 그 세상을 찾게 된다.

내 안에는 나에게 한 발짝 나아갈 수 있도록 지침이 되어주는 가이드가 있는데, 나 자신이 그들에게 귀를 기울여야 한다. 가이드들의 말을 듣고 새로운 세계, 즉 자신의 내면을 본다면 새로운 경험을 즐기고 도전의 대상을 계속 찾을 수 있다. 우리가 어떤 상황에 처할 때, 마음속에는 설렘과 두려움이 공존한다. 이때 두려움이 앞서게 되면 더 이상 전진하지 못한다. 발이 묶인 채 어떤 변화도 겪을 수 없게 되는 것이다. 그런데 이때 설렘이 두려움보다 앞서게 되면 호기심이 생기고, 두려움을 밀쳐내게 된다.

호기심을 깨우는 순간, 우리는 평소와 다른 시각을 갖게 되고 새로운 경로를 얻을 수 있다. 최근 들어 유수의 연구자들이 호기심의 힘, 그리고 호기심의 영향력에 주목하고 있는데, 이처럼 관심이 폭발한 이유는 간단하다. '과연 인간이 인공지능을 이길 수 있을까?'라는 질문 때문이다. 이제는 인간과 인공지능이 공존해나가야 하는 시기를 앞두고 있다. 우리는 두려움과 기대를 동시에 느끼고 있다. 그런데 연구자들은 호기심이야말로 4차 산업혁명 시대, 혹은 인공지능이 인간을 위협하는 시대에도 인간이 앞설 수 있는 분야라고 생각한다.

호기심의 힘은 얼마나 대단할까? 연구 결과, 호기심은 우리를 건강하게 만들었다. 60세에서 85세까지의 노인들을 5년간 추적 조사했더니, 호기심이 있는 사람들이 동년배들보다 훨씬 더 신체적·정신적으로 건강했다고 한다. 그리고 호기심이 있는 사람들은 당뇨병, 고혈압과 같은 성인병에 걸릴 확률이 현저히 낮았다고 한다. 호기심이 있는 사람들은 신체와 정신을 활동적으로 사용하기 때문이다.

호기심은 신체적 능력을 향상시킬 뿐만 아니라 우리를 현명하게 만들어준다. 상대적으로 호기심이 많은 사람은 문제 해결 능력, 분석 능력 등 지능과 관련된 능력이 더 높게 나타났다. 호기심이 있는 사람들은 늘 새로운 아이디어, 새로운 가능성을 찾아다니고 대안을 제시하기 때문이다. 그리고 호기심은 우리의 행복도를 높여준다. 호기심이 있는 사람과 그렇지 않은 사람을 비교했을 때, 전자가 후자에 비해 삶에 대한 만족도와 행복도가 훨씬 높은 것으로 나타났다. 호기심이 있는 사람은 자기 인생을 가만히 두거나 지루하게 흘러가도록 두지 않는다. 흥미진진하고 활기차게, 어떻게 하면 그럴 수 있을까를 궁리하고, 소소하게라도 무언가를 발견하기 때문이다.

호기심의 활용성은 무궁무진하다. 어떤 사람은 직업적인 면에서 활용하기도 하고, 어떤 사람은 새로운 것을 고안하고 다양한 일들을 해결한다. 그들의 공통점은 '호기심이라는 스파이를 깨우니 삶이 의미 있어지고 흥미진진해지더라'는 것이다. 이를 증명한 사람이 있다. 영국인 켄은 어느 날 칠순의 아버지와 대화를 했다. 칠순의 아버지가 "나이가 드니 시간이 빨리 가는 것 같다"고 말하자 마흔 살이던 켄은 모든 사람에게 똑같이 24시간이 주어졌는데, 왜 나이 든 사람들은 시간이 빨리 간다고 생각하는지 궁금해졌다. 그는 좀 더 들여다봐야겠다는 생각에 여러 자료를 찾아보았다. 그 결과, 그는 일상이 매일 똑같이 반복되기 때문이라고 결론 내렸다.

이것을 증명하기 위해 그는 365일간 이제껏 한 번도 해보지 않았던 일들을 겹치지 않게 실행하기 시작했다. 그는 일상에서 한 번도 해보지 않은 일이 굉장히 많다는 사실을 깨달았다. 뜨개질하기, 논밭에서 뒹굴기, 문화센터의 댄스 클래스에서 유일한 남자 회원 되기 등 사소한 것들을 매일 한 번도 겹치지 않게 하루하루 해나갔다. 3개월 만에 그가 할 수 있는 일이 바닥났다.

재밌는 것은 이때부터 그의 사고방식과 행동이 완전히 바뀌기 시작했다는 점이다. 예전엔 아내나 아이들이 부탁하던 일을 외면하거나 모른 척했는데 이제는 오히려 나서서 뭔가를 도와주려고 했다. 안 풀렸던 문제들을 다른 방법으로 시도해보기도 하고, 새로운 눈으로 세상을 보기 시작했다. 그는 이때부터 성인이 되고 처음으로 자신의 인생 철학을 확립해나가게 되었다고 말했다. 사실 365일 매일 다른 일을 한다는 것이 결코 쉽지는 않다. 소소한 것이라도 의무감에서 하면 잘하지 못하지만 호기심에서 하면 그렇지 않다. 그러므로 우리는 삶의 이면에 숨겨진 무언가를 찾아보기 위해, 그리고 켄처럼 인생의 철학을 알아가기 위해 호기심을 깨워야만 한다.

더 놀라운 사실은, 이게 개인적인 성장, 성찰만 가져온 것이 아니라 직업적으로도 성과를 이뤘다는 것이다. 켄은 자신의 일과 호기심을 접목해서 발표했고 어마어마한 반응을 일으켰다. 그는 세계로 송출되는 강연회인 테드TED에서 연설할 기회도 얻었다. 작은 호기심이 쌓이고 쌓여서 이런 멋진 기회로 연결된 것이다.

내가 후회되는 것은 20대에 그 스파이의 존재를 깨닫고 나의 인생 여정에 동행으로 삼았다면 새로운 삶을 살고 있을지도 모른다는 것이다. 20대에는 스파이의 존재를 모르고 자꾸 억누를 수밖에 없었다. 그러다 보니 스파이가 슬립 모드로 전환한 것이다. 우리 안의 스파이는 잠적하기 쉬운 존재다. 하지만 그 스파이는 쉽게 깨울 수도 있다. 그리고 엄청난 변화를 가져온다.

스파이의 화려한 외출
I

그렇다면 이제 호기심을 깨우는 3단계 방법에 대해서 알아보자. 3단계 방법은 정말 쉬워서 누구나 할 수 있다. 첫 번째는 호기심과 관계를 맺는 단계다. 모든 역사는 관계를 맺는 것에서부터 시작된다. 그렇기 때문에 사람과 사람이 대화를 하려면 관계를 맺는 것부터 시작해야 한다. 호기심과의 관계도 마찬가지다.

호기심과 관계 맺기는 나에 대해 궁금한 것에서부터 출발한다. 예를 들면 A는 아침마다 자신에 대한 호기심이 생긴다고 한다. '오늘은 어떤 일이 생길까, 무슨 일을 할까, 어떤 소개를 할까'에 대해 너무 궁금하다는 것이다. 그러면서 자기 삶을 흥미진진하게 만들어갈 단서들을 찾아가게 된다.

호기심과 관계를 맺을 때는 딱 세 가지 질문만 스스로에게 해보면 된다. 먼저, 자신은 호기심이 있는 사람인지 질문해본다. 다음으로, 왜 그렇게 생각하는지 질문해본다. 호기심이 있으면 왜 있다고 생각하는지, 없으면 왜 없다고 생각하는지 그 이유를 적어보는 것이다. 남의 이유가 아닌 자신만의 이유를 말이다. 마지막으로, 어린 시절이든 최근이든 자신이 호기심에서 했던 행동과 마음이 간질거려서 무언가를 시도했던 상황에 대해서 써보는 것이다. 그리고 그런 상황들을 어떻게 처리했는지도 적는다.

호기심과 관계 맺기는 앞의 세 가지 질문으로 완성된다. 그런데 첫 번째 단계에서 특별한 것이 나오지 않았다고 해서 절대 실망할 필요는 없다. 첫 번째 단계는 누구나 그렇다. 첫 번째 단계는 그저 호기심의 옆구리를 꾹꾹 찔러서 잘 지내보자고 악수하는 단계다. '잘 지내보자, 잘 살 수 있을 거야'라고 말이다. 여기까지 끝났다면 이제 두 번째 단계로 넘어간다.

두 번째 단계는 여러분이 사냥꾼이 되는 것이다. 여러분은 호기심 헌팅을 나가게 된다. 먼저, 두서없이 다양한 호기심들에 자신을 노출시켜보자. 호기심 헌팅의 최종 목표는 자신만의 호기심 거리를 찾는 것이다. 그러려면 다양한 호기심에 자신을 적셔보는 수밖에 없다. 그런데 이게 돈이 드는 것도 아니고, 시간이 많이 드는 것도 아니다. 하루에 10분도 좋고 20분도 좋다. 자신에게 호기심 사냥꾼으로서의 기회를 주는 것이다. 낯선 곳에, 낯선 환경에 자신을 노출해보라.

예컨대 매일 학교 가는 길이 똑같다면 내일은 다른 길로 가보자. 몇 분 더 돌아와도 좋다. 그러면 뭐가 달라졌는지를 발견할 수 있을 것이다. 돌아다니는 것을 싫어한다면 도서관에서 찾을 수도 있다. 내가 항상 좋아하던 주제의 책만 봤다면 이번에는 나랑 전혀 상관없을 것 같은 주제의 책을 10분만이라도 읽어보는 것이다. 그러면서 나의 마음을 부여잡는 것이 무엇인지를 알아가는 과정이 호기심 헌팅의 앞부분이다.

예를 들면 나는 낯선 환경, 낯선 곳에 놓이는 경우가 많았다. 지도에 이름조차 없는 곳에 가서 지냈던 적도 있고, 어느 소수 부족과는 중간에 각기 다른 언어통역자 서너 명을 세워놓고 겨우 의사소통을 했던 적도 있다. 내향적인 나는 이런 상황을 맞닥뜨릴 때면 그냥 도망가고 싶다는 생각을 하곤 했다. 또 한편으로는 '누가 제발 나한테 말 좀 안 걸었으면 좋겠어' 같은 생각을 하기도 했다. 그럴 때마다 '나는 지금 셜록 홈스야'라고 스스로에게 암시했다. '이곳 사람들의 특이점을 한번 파악해보자'라고 생각하며 셜록 홈스의 눈으로 세상을 보니까 일이 재밌어졌다. 그러면서 그 순간을 즐길 수 있었고, 그 안에서 내가 무언가에 호기심이 있는지 점점 좁혀나갈 수 있었다.

이렇게 호기심 헌팅을 시작할 때는 '아무 말 대잔치'처럼 '아무 호기심 대잔치'를 벌여보자. '아무 호기심 대잔치'를 언제까지 해야 하는지는 사람마다 다르다. 나 같은 경우는 그 기간이 꽤 길었지만 다들 해보기 전에는 시간이 얼마나 걸릴지 모른다. 어느 시기가 되면 문득 내 마음을 붙잡고 "나를 좀 더 알아봐줘요"라고 이야기하고 끌어당기는 호기심을 알아낼 수 있게 된다. 그 호기심을 알아내면 그때부터 삶의 태도, 관점 등이 바뀌기 시작한다. 호기심 헌팅을 끝내면 정말 궁금한 자신만의 호기심이 두세 분야로 좁혀질 것이다. 그러면 이제 세 번째 단계로 넘어갈 차례다.

세 번째 단계는 호기심 연대기의 작성이다. 이건 내 안에 잠들어 있는 스파이의 활동기다. 호기심 헌팅을 끝내고 나서 오늘 새로 발견한 것들은 무엇인지 매일 적어나가는 것이다. 매일 5분도 좋고 단 한 줄만이라도 좋다. 오늘 자신의 호기심들이 어떠한 일들을 덧붙일 수 있는지 적는 것이다. 그러다 보면 어떤 현상이 일어날까? 이 일을 매일 하다 보면 내가 처음 시작할 때 관심 있었던 호기심이 아니라 새로운 호기심에 눈뜰 수도 있다. 너무 좋은 현상이다. 그러면 새로운 호기심을 따라가면 된다. 이렇게 나만의 호기심 연대기가 만들어진다.

중요한 것은 호기심 연대기를 통해 자신만의 드라마, 스토리, 콘텐츠가 생긴다는 점이다. 다들 자신만의 멋진 스토리가 있는 사람들을 부러워한다. 그런데 누구나 이 연대기를 통해 남들이 부러워하는 자신만의 스토리를 만들 수 있다.

스파이와의 아침을

지금까지 호기심의 힘에 대해서도 이야기하고 호기심을 깨우는 방법에 대해서도 이야기했지만 실제로 호기심과 관계를 맺고 또 헌팅을 나서서 연대기를 작성할 사람은 많지 않다. 머리로는 해야겠다는 생각이 들지만 실제로 그것을 스스로 해낼 사람은 많지 않다.

"제발 복권에 당첨되게 해주세요." 어떤 사람이 정말 너무 간절하게 매일매일 신에게 기도를 했다. 너무 간절해서 사람들이 도저히 못 봐줄 정도로 말이다. 너무 간절해서 신도 마음이 움직였는지 어느 날 그 사람 앞에 나타난다. 그런데 뭐라고 했는지 아는가? "복권을 사야 복권에 당첨되든지 할 것 아니냐." 이 이야기의 메시지는 간단하다. 복권도 사야 당첨되는 것이지, 바라기만 해서는 당첨되지 않는다는 것이다.

연구에 의하면 아이디어가 결과물에 미치는 기여도는 5퍼센트 이하라고 한다. 기막힌 아이디어만 있으면 다 성공할 것 같지만 아니다. 실행하지 않으면 그 아이디어는 절대로 빛을 볼 수 없다. 실행을 해야 결과로 이어진다는 것이다. 아이디어의 좋고 나쁨도 자신이 어찌 하느냐에 따라 결과에 영향을 미치는 것이지, 절대 아이디어만 가지고 되는 것은 아니다.

나는 그리 오래 살지는 않았다. 100세 시대라고 하니 앞으로 50년을 더 살아야 할지도 모른다. 중요한 것은 누구나 처음 살아보는 인생이라는 것이다. 우리 모두 처음 사는 인생이라서 절대 능숙할 수 없다. 어떻게 노련할 수 있겠나. 다 좌충우돌하면서 배워가는 것이다. 내가 조금 더 살아보고 되돌아보니 이런 것들이 정말 중요했다.

내가 내 안에 숨어 있는 스파이의 정체를 밝혔고 어떻게 깨울 수 있는지 3단계에 대해서 말해주었다. 하지만 이건 내게 효과적인 방법이었다. 이게 반드시 모두에게 도움이 되리라는 보장은 없지만 그래도 도움이 되는지 안 되는지를 알려면 일단 시도해봐야 한다. 그런데 시도를 하다 보면 좌절들을 만날 수도 있다. 하지만 호기심을 한번 깨운다면, 이는 자전거 타기와 똑같다. 넘어져도 다시 깨어난다. 이제는 슬립모드가 아니라 켜짐모드가 돼서 고개를 내미니까 그때마다 반겨주면 된다. 억누르지 말고 기회를 줘라.

진정한 나로
인도하는 여행

전명윤_여행작가(a.k.a. 환타)

여행작가는 놀고먹는 직업?

내 직업은 여행작가다. 어쩌다 보니 드라마에 등장하여 각광받는 직업으로 떠올랐고, 그 덕분에 그저 놀고먹는 직업으로 오해받기도 한다. 실제로 내 지인들을 포함해 많은 사람이 "너처럼 살면 좋겠다"라는 얘기를 많이 한다.

겉보기와 달리 여행작가는 그리 편한 직업도 아니고 그저 놀고먹는 직업도 아니다. 출판으로 봤을 때 여행작가의 영역은 크게 두 가지로 나눌 수 있다. 하나는 '에세이'라고 해서 자신이 겪은 여행에 대한 감상을 위주로 한 영역이다. 이병률 작가의《끌림》같은 경우가 대표적인 여행 에세이다.

작가의 성향에 따라 다르지만 에세이의 경우 그 지역에 대한 배경 지식이 없어도 쓸 수 있다. 감성적인 필치, 남다른 시선들은 내가 구축한 세계를 남들에게 전하기에 더없이 중요한 자양분이다. 그 지역에 머물며 여행의 배경과 어우러지는 나의 느낌들을 쓰는 게 여행 에세이라고 보면 된다.

내가 하는 일은 '가이드북'이란 영역이다. 이 장르는 어디에서 무엇을 먹고 어디에서 자고, 어떤 교통편을 이용해야 하는지 등 쉽게 말해서 '리뷰'의 모음을 만드는 일이다. 그렇게 수많은 리뷰를 모아 하나의 책으로 만든 게 '가이드북'이다. 그러다 보니 가이드북에서 가장 중요한 일은 취재다. 크게 볼거리, 먹을거리, 숙소 등을 취재하는데, 사실 가이드북 작가의 입장에서는 현장에서 벌어지는 모든 일이 취재거리가 된다. 심지어 내가 누군가에게 속는 일도 중요한 정보가 된다. 가이드북 작가는 여행자 대신 사기당하고, 헤매고, 분노하면서(!) 그 정보를 모아 대비책을 알려준다.

자, 일단 정리를 해보자. 관광과 여행은 무엇이 다를까? 왜 굳이 비슷한 이 두 가지 일에 대해서 다른 표현을 써서 나눠놓았을까?

관광은 볼 '관觀'에 빛 '광光'을 쓴다. 즉 눈으로 보는 것이다. 요즘의 관광은 흔히 패키지 여행으로 대표되는데, 일단 이런 류의 여행은 관광버스라는 한정된 공간에 갇혀 있다. 바깥에서 어떤 난리가 벌어져도 볼 수 없고, 바깥 기온이 섭씨 40도여도 상관없다. 왜냐하면 관광객은 에어컨이 켜진 차 안에서 바깥의 풍경을 보기 때문이다. 조금이라도 불편하면 가이드로부터 서비스가 제공된다. 그곳에서 보게 되는 건 버스에 앉아서 바라보는 풍경이다. 현실의 땅은 낮게 드리워 있고 현지인들은 내 눈 아래에서 걸어 다닌다.

여행은 우선 땅에, 대지에 발을 딛고 시작하는 일이다. 그리고 그곳에서 벌어지는 모든 일은 다 나의 책임이다. 길바닥에 발을 딛고 그들과 똑같은 눈높이로, 현장의 기온을 느끼며, 스스로의 힘으로 모든 상황을 개척해나가는 일이다.

인도 환타의 탄생

❙

　나는 '환타'라는 닉네임을 가지고 있다. 좀 웃기는 닉네임이다. 내가 가장 처음 여행한 지역은 인도다. 지금도 인도를 통해서 먹고살고 있다. 내 책 중에 인도 책이 한 권이고 중국 책이 네 권인데, 지금도 방송이나 팟캐스트에 나가면 인도 얘기만 한다. 지금부터도 인도 이야기 위주로 해보려고 한다. 인도 여행이 내 삶을 매우 크게 바꿨기 때문이다. 내가 인도를 두 번째로 갔던 시기가 1999년쯤이다. 이때는 인도에 대한 텍스트 자료가 거의 없던 시절이었다. 수많은 사람들이 '인도는 거지들까지도 성자이고 정신적으로도 뛰어나다'라는 식의 얘기를 듣고 성자를 찾아서 혹은 성자가 될 자신을 찾아서 인도로 갔다.

　하지만 그들이 직접 보게 된 인도는 책에 나온 모습이 아니었다. 스물네 살이던 1996년에 처음 인도에 갔을 때 내게도 인도는 정신적인 영향을 주는 나라가 아니었다. 그래서 생각했다. '사람들이 가지고 있는 인도에 대한 환상을 타파해줘야겠다.' 그래서 환상 '환'에 때릴 '타'라는 이름을 붙이고 "내가 환타야" 이러고 다녔다. 이름이 쉬웠는지 금방 굳혀졌다. 6개월 만에 모든 사람이 나를 '환타'로 부르기 시작했다. 지금은 오히려 누가 내 본명을 부르면 어색

하다. 이제 '환타님, 환타님' 이렇게 부르는 게 익숙하다.

실연으로 시작된 인도 여행

I

많은 사람이 '여행작가'라는 타이틀을 가진 사람, 여행이 업인 사람들이 어떻게 처음 여행을 했는지에 관심을 갖는다. 내 이유는 좀 유치하다. 나는 실연 덕에 인도를 갔다. 고등학교 2학년 때 처음 연애를 했다. 1980년대 말에는 고등학생이 연애하는 게 흔치 않아서 한 반에 연애하는 아이는 한두 명이었다. 나름 내 인생의 자랑이다. 그 연애를 굉장히 오래해서 스물네 살 때까지 이어갔다.

그러다 헤어지게 됐는데, 이유는 여러 가지다. 가장 큰 이유는 여자친구 부모님이 너무 보수적이었다. 결혼이 아닌 연애도 허락받고 하던 시절이었는데, 공식적으로 사귀겠다고 선언하자 우리 집 뒷조사까지 했다. 뭐, 딸을 사랑하는 마음이셨겠지. 지금은 그리 이해하지만 그때는 화가 났다. 뒷조사를 하더니 우리 집이 결손 가정이라고 반대했다. 둘이 보름 정도 가출도 하고 그랬다. 그런데 고등학생, 대학생들이 무슨 돈이 있겠나. 급기야는 그 친구의 용돈을 끊어버렸다. 한 3년 정도? 내가 아르바이트를 하면서 둘의 데이트 비용을 벌어대다 결국은 지쳐서 나가떨어졌다. 그쯤 자기

집과의 투쟁을 하고, 나는 뒷바라지(!)를 하다 보니 어느 순간 둘 다 그로기 상태가 되더라. 형식적으로는 내가 차지만, 지금 생각해보면 누가 먼저 찼냐가 중요한 문제가 아니었다. 실제로 우리는 둘 다 기진맥진했다.

하지만 그럼에도 불구하고 5~6년가량 연애를 하다 헤어지니 힘들더라. 세상에, 지금 내 덩치를 보고는 결코 믿어지지 않겠지만 거식증까지 걸렸다. 먹으면 토하고 먹으면 토하고를 반복할 즈음, 한 후배가 그렇게 힘들면 인도나 한번 가보라고 했다. 그때는 해외여행이 자유화된 지 채 10년도 되지 않은 시점이라 대학생이 일단 여행을 가면 유럽부터 시작하는 분위기였다. 그리고 당시 부모들은 배울 거 없는 나라로 가는 것 자체를 극히 부정적으로 바라봤다. 그런 시대에 살았으니 나도 으레 여행은 유럽부터 가는 거라 생각하고 국가로부터 자유로워질 날만 기다리고 있었다. 그런데 실연 이후 매일 술을 마시고 거의 죽어가는 상황에서 막연하게 "인도 갈래?"라는 말을 들은 것이다. 그 후배는 인도로 가라는 충고와 함께 책 한 권을 던져줬다.

바로 법정 스님의《무소유》다. 무심히 보던 책 안에는 이런 문장이 있었다. "그 사람을 미워해봐야 네가 미워지지, 그 사람이 미워지냐. 네 마음만 미워질 뿐이다." 스물네 살의 나는 굉장히 충격을 받았다. 그래서 '세상을 이렇게 바라볼 수도 있구나. 정말 인도에 한번 가볼까?' 하는 생각을 하게 됐다. 아니, 그냥 삶의 전기를 마련하고 싶었는지도 혹은 그저 탈출하고 싶었는지도 모르겠다. 그때는 막연히 인도에 가면 모든 게 잊힐 것 같았다.

그때는 인도로 가는 비행기도 거의 없고 학생이 사기에는 비행기 값도 너무 비쌌다. 직항이 없어 김포에서 방콕까지 가서 다시 인도로 가는 표를 구해야 했다. 나는 해외여행도 처음이었고 영어도 못해서 처음에는 너무 무서웠다. 그런데 사람이 무서워지니까 자연스레 의지할 곳을 찾게 되더라.

나는 비행기 안을 뒤졌다. 이건 혼자 인도 여행을 가는 사람들을 위한 팁이기도 하다. 인도의 여러 가지 사회적 문제들 때문에 혼자 여행 가는 것이 두려운 사람들은 비행기 안을 뒤져보라. 그리고 혹시 인도에 가시느냐고 물어보라. 대부분이 같은 두려움을 가지고 있어서 말을 걸어주면 좋아한다. 혹시 인도로 가시나요? 저도 혼자인데 같이 동행하실래요? 이 말은 부탁이 아니라, 때에 따라 상대방에게는 구원의 동아줄일 수도 있다. 이렇게 간단하게 서로에게 구원이 되는 일, 흔치 않다.

방콕을 거쳐 도착하는 데 3일이 걸렸다. 그렇게 내 인도 여행이 시작되었다.

환타, 인도에 머무르다

I

내가 첫 여행을 하던 때만 해도 테레사 수녀님이 살아 계셨다. 1996년 12월부터 1997년 3월까지 계속된 여행을 마무리할 때쯤이었다. 다시 콜카타로 돌아가 방콕을 거쳐 한국으로 오려고 했다. 원래 일정은 그랬다. 그런데 당시에는 여행자들에게 관례 같은 게 있었다. 일종의 불문율 같은 건데, 인도 여행을 마친 사람들은 대부분 콜카타에 모여 '테레사 하우스'에서 봉사활동을 하면서 자신의 여행을 끝마쳤다. 그걸 하지 않으면 인도 여행을 완벽하게 마쳤다고 생각하지 않았다. 보통 1주일 정도 봉사를 했다.

봉사 시설은 크게 보육원, 양로원, 그리고 호스피스 시설 이렇게 세 군데였다. 오전에는 보육원이나 양로원에서 봉사를 하고 오후에는 '죽음을 기다리는 집'이라는 호스피스 시설에서 봉사를 해야 했다. 대부분의 남성 여행자들은 양로원에서 봉사하고 호스피스로 가는데 나는 목소리가 약간 가늘고 당시에 머리도 길어서였는지 여성들이 주로 가는 보육원으로 보내졌다.

내가 돌본 아이는 장애를 가진 고아 여자아이였다. 인도 사회에는 '다우리'라는 악습이 있는데, 우리말로 번역하면 지참금 정도가 된다. 쉽게 말해 혼수인데, 인도의 경우는 혼수가 여성에게만 일방적으로 강요된다. 함께 살 집부터 예단, 세간살이, 남편에게 줄 예물까지 모든 게 여성의 몫이다. 이 금액이 워낙 크다 보니까 인도 여성들에게는 큰 부담이다. 인도는 여아의 낙태율이 상상을 초월할 정도로 높은데 그 원인 중 하나는 바로 다우리다. 딸은 키워봐야 집에 득이 되는 게 하나도 없다는 믿음이 인도 사회를 지배하고 있다.

여성이라는 이유만으로 차별받는 사회에서, 심지어 이 아이는 장애까지 안고 태어났기에 버려진 것이다. 내가 말도 통하지 않는 아기랑 무슨 대화를 했겠는가. 그냥 밥을 먹여주고, 당시에 유행하던 노래나 흥얼거리는, 한마디로 말해 뒤치다꺼리다.

그래저래 그 아이에게 정을 붙이면서 테레사 하우스에서 1주일을 보냈다. 마지막 날 봉사를 하고 말도 못 알아듣는 아이에게 "이제 나는 떠나. 앞으로 잘 살길 바란다" 정도의 이야길 하면서 이마를 짚었는데 애가 열이 났다.

수녀님께 보고했다. 애가 열이 나는데 조치가 필요한 것 같다. 그러고는 돌아왔다. 다음 날 한국으로 돌아갈 짐을 싸고 있는데, 아이가 죽었다는 소식을 듣게 됐다. 당시 기준 스물다섯 살 내 인생에서 겪었던 가장 큰 일이었다. 1주일 동안 내 손을 탔던 사람이 죽었다는 게, 그리고 그 전날까지 따뜻했던 아이가 싸늘하게 식었다는 게 믿기지 않았다. 달려가서 시신을 봤다. 멍했다.

얼마 있지도 못했다. 그날 저녁 비행기이기 때문에. 다시 숙소로 돌아와 맡겨놓은 짐을 찾고 오후 7시쯤이었나? 콜카타를 벗어나 공항으로 가는데, 갑자기 감정이 복받쳐 올랐다. 눈물이 났다.

인도에서는 고기나 해산물을 먹을 일이 별로 없으니까 태국에 가서 회를 먹겠다는 방대한 계획도 세웠는데, 방콕에 도착해서도 감정은 주체되지 않았다. 그렇게 3일 정도 정신을 차리지 못하다가 집에 돈을 보내달라고 전화를 했다. 그리고 120만 원을 더 받아 인도로 다시 돌아가 7개월을 더 있었다. 3개월 예정이었던 첫 인도 여행이 열 달이 되어버린 것이다. 열 달 만에 집에 돌아오자 어머니는 웬 인도 놈이 왔다면서 뒤로 넘어가셨다.

인도에서 나를 찾다

ㅣ

처음 갔을 때 인도는 참 예뻤다. 인도는 이미지가 정말 강렬하다. 인도의 풍경을 보면 마치 다큐멘터리 속에 들어와 있는 듯하다. 그래서 우와, 좋다 하면서 돌아다니다 보면 어느 순간 거지들이 달라붙는다. 인도에 거지가 많다는 얘기는 들었을 것이다.

처음에 그들을 보면 처연해진다. 한국이라면 유치원쯤에서 한창 예쁨을 받을 아이들이 구걸이라는 사회적·경제적 활동을 해야 살 수 있기 때문이다.

그 감정의 무장해제 상태에서 할 수 있는 건 얼른 주머니를 뒤져 돈을 꺼내는 일이다. 돈을 받은 아이는 대부분 소리를 지른다. 처음엔 '감사합니다'라고 외치는 줄 알았다. 지금은 힌디어를 알아들으니까 무슨 말인지 안다. "야! 여기 외국인 호구 있다!" 이런 식의 말이다. 그러면 그 또래의 50~60명 정도 되는 아이들이 순식간에 나를 둘러싼다.

사실 별일 아니다. 유치원생 50명이 성인인 나를 둘러싸봐야 큰일이 일어나는 건 아니다. 하지만 처음 겪는 이런 류의 일에 사람은 잠시 당황한다. 이러지도 못하고 저러지는 못하는 상황에서 자신이 어떤 행동을 하는지 관찰해본 사람?

어이없게도 화를 낸다. 진짜 화가 난 건 아니다. 흥분 상태를 연출해 그 상황을 모면하기 위해 가짜 감정을 표출하게 된다.

일단 당황스러워 여기서 벗어나야겠다는 생각에 몇 명의 아이를 치고 그 상황을 모면한다.

인도의 아이들, 특히 이런 구걸하는 아이들은 영양 상태가 좋지 않다. 쉽게 말해 또래의 한국 아이들에 비해 놀랄 정도로 가볍다. 약간만 밀어도 아이들은 길에 쓰러지고 누군가는 운다.

일단 그 상황에서 빠져나와 2~3분쯤 걷다 보면 후회가 밀려온다. '내가 왜 그랬지?' 굳이 그럴 필요까진 없지 않았냐는 자책을 뒤로하고 또 5분쯤 걸으면 예쁜 풍경이 눈에 들어온다. '아, 예쁘다.'

10분 동안 한 사람의 감정이 좋았다가, 불쌍했다가, 당황했다가, 분노했다가, 다시 딱했다가, 후회했다가 다시 좋은 상태가 된다. 우리는 이렇게 감정이 수시로 널을 뛰는 사람을 미쳤다고 한다.

한국에서는 나를 괴롭히려고 작정한 사람이 있더라도 10분 동안 내 감정 상태를 끊임없이 변화시킬 수 없고, 또 그런 변화를 무한 반복하지 못한다. 그런데 인도에서는 이런 감정의 변화가 하루에 열두 번씩 반복된다.

나는 내가 좀 괜찮은 사람인 줄 알았다. 악한 사람을 보면 화낼 수 있고, 분노할 줄 아는. 나름 그렇게 살아왔다고 자부했지만 인도에서 나는 작고 약한 거지 아이들이 둘러싸면 거기서 벗어나기 위해 화를 내는 사람이었다. 나에 대해 알게 된 가장 놀라운 모습 중 하나다.

사람들은 대부분 자기의 모습을 자기 스스로가 상정한다. 셀카 시대를 맞이해 우리는 모두가 나를 어떤 각도에서 찍어야 가장 그럴듯하게 나오는지를 알게 됐다.

내가 생각한 나라는 존재는 일종의 얼짱 각도에서 찍힌 내 얼굴 같은 거다. 그 각도에서 찍으면 어지간한 사람들은 되게 예쁘고 괜찮지 않은가.

그런데 내가 생각한 나의 내면이라는 것도, 내가 생각한 나의 고매한 이상이라는 것도 사실은 그저 그렇고 그랬던 것이다. 내가 늘 흉보는 사람과 나는 크게 다르지 않았다. 인도에서 가장 재밌었던 것은 이렇게 나 스스로가 얼마나 바보 같은지 파악해가는 과정이었다. 좀 이상한 얘기지만 내가 얼마나 바보인가를 파악해가는 과정이 너무 신났다. '내가 이것밖에 안 되는구나. 내가 이런 것에 화를 내네? 와…….'

인도에서 낙타 사파리를 간 적이 있다. 모래가 서걱서걱 씹히는 정말 이상한 밥을 줬다. 이 음식을 어떻게 만드냐 하면 일단 사막에서 똥을 주워 온다. 이 똥으로 불을 피우고 나서 부수면 똥이 숯처럼 된다. 이른바 불타는 똥, 그 위에 반죽한 가루 덩어리를 동그랗게 만들어서 턱턱 놓는다. '아, 이것까진 참을 수 있어. 불타는 똥이 묻은 겉만 떼어내고 먹으면 되지.' 이렇게 생각했다.

그런데 빵이 어느 정도 익자 땅을 파더니 그 불타는 똥과 빵을 한데 집어넣고 흙으로 덮어버렸다. 지열로 익히려는 것이었다.

'아, 저건 못 먹어'라고 생각했다.

그런데 먹을 게 그것밖에 없었다. 처음에는 욕을 했다.

'아, 이 미친 나라.'

그런데 먹어봤더니 맛있었다. 그래서 세 개나 먹었다. 그리고 하늘을 봤는데 마침 석양이었다. '와, 되게 예쁘다.' 그때 생각했다.

'어, 그런데 왜 좋지? 나 여기서 좋으면 안 되는데.'

인도에서 자족을 배웠다. 아주 웃기지만.

여행하면서 알았으면 하는 첫 번째는 내가 어떤 사람인지를 파악하는 것이다. 그건 사실 '바보 같은' 나겠다.

두 번째는 '나의 취향'이다. 내가 무엇을 좋아하는지, 어떤 환경을 싫어하는지, 어떨 때 화를 내는지 알아가는 것이다. 한국 사회에서 모든 사람은 대부분 사회적 얼굴을 갖고 있다. 우리는 어떤 표정을 지어야 어떤 대접을 받는지에 대해 학습이 되어 있다. 누군가와 술을 먹는 자리에서 윗사람이 이상한 농담, 혹은 혐오 발언을 쏟아낸다 해도 갑자기 정색하면서 '이 미친놈아'라고 하진 않는다.

그냥 웃어준다. 비록 쓴웃음이긴 하지만. 이게 사회적 얼굴이다. 그런데 이 얼굴만 가지고 평생을 살아오다 보니 이제는 자신이 원래 어떤 얼굴을 갖고 있었는지조차 망각하는 사람이 많다. 인도에는 온갖 표정으로 덤비는 사람들이 있다. 천진함은 때로는 무섭다. 순수하게 자신의 욕망을 드러내며 발가벗고 덤비는 사람들과 살다 보니 결국 내 맨얼굴도 보게 된다.

그래서 사람들이 "인도는 어떤 곳이니?" 하고 물어보면 나는 이렇게 대답한다. "인도는 희로애락이 하루에도 열두 번씩 바뀌는 아주 놀라운 나라"라고.

여행에 대해서는 각자 생각하는 모습이 다를 것이다. 이를테면 '나는 유명한 식당에 가서 맛있는 음식을 배가 터지도록 먹겠어', 아니면 '나는 쇼핑을 한번 미친 듯이 해볼 테야' 등의 생각을 한다. 그중 '날것의 나를 관찰할 수 있는 즐거움'을 여행의 포인트로 잡는 것도 아주 현명한 방법이다.

전통과 현재가 만나는 인도

인도는 조금 재미있는 나라다. 예를 들어 이집트 문명에서 피라미드를 만든 사람들은 지금의 이집트인과 같은 인종이지만 종교, 세계관, 언어는 모두 다르다. 이집트 문명이라고 볼 수 있는 것들은 단지 카이로 박물관과 피라미드라고 하는 돌덩어리 유적뿐이다. 메소포타미아는 1차와 2차 걸프전을 거치며 거의 박살이 났고 IS가 득세하며 그나마 남아 있는 것들도 모두 부서졌다. 바빌로니아나 메소포타미아 사람들의 문명도 지금까지 이어지지 않았고 모든 게 바뀌었다.

중국은 문화혁명을 거치며 1960년대 말부터 자신들의 문명 자체를 부정하기 시작했다. 20년간 공자로 대표되는 모든 전통을 훼손시키며 부정한 탓에 문화를 복원하려 해도 아는 사람이 사라진 상황. 공묘 제례악과 같은 제사 지내는 방법도 잊어버리고 말았다. 한·중 수교 이후 중국에서 가장 먼저 한 일 중 하나는 우리나라 성균관에 와서 공묘에서 제사 지내는 법을 배운 것이었다. 불과 20~30년간의 격렬한 단절은 그렇게 무서웠다.

전통이 딱히 좋다는, 그리고 모든 전통을 보존해야 한다는 이야기는 아니다. 사실 전통적인 생활방식을 유지하고 있는 나라는 이제 거의 존재하지 않는다. 우리를 보자. 5000년의 역사를 자랑하는 빛나는 문화민족? 그들은 현재 콘크리트 아파트에 살고 있고, 서양식 옷과 서양식 머리를 하고, 민주주의를 금과옥조로 받들고 있다. 600년 역사라는 서울에서 600년이나 되었다는 흔적은 일상에서 보이지 않는다. 20세기 이후 모든 아시아 국가는 서구화가 목표였다. 그걸 빨리 한 일본은 패자가 되었고, 가장 늦은 한국은 식민지 경험을 했다.

인도는 정말 묘한 나라다. 요즘도 인도에서 음악이라는 말은 인도의 전통음악을 뜻한다. 한국의 케이팝이 전 세계

적으로 인기를 끌지만 그게 한국 전통의 음악은 아니다. 인
도는 볼리우드의 그 많은 영화음악들을 파헤쳐보면 라가
라는 전통의 가락, 전통 악기 위주로 배치된 음악임을 알
수 있다. 인도엔 400여 개의 음악대학이 있다고 하는데, 이
중 서양음악을 가르치는 대학은 손에 꼽을 정도로 적다.

인도의 음악 전공자에게 "너 모차르트 알아?"라고 물어
보면 모른다는 대답이 돌아온다. 이게 이상한 일이 아니다.

인도 여성들의 전통 복장은 사리라고 하는데, 길게는 인
더스 문명의 흔적과 이어진다. 비록 여성과 사회적 약자에
게 그리 유리하진 않지만 그 시절의 사고체계 또한 유지되
고 있다. 요즘의 한국에서 시어머니가 며느리에게 칠거지
악을 운운한다면 당장에 미친 사람 소리를 듣겠지만, 인도
의 어느 곳에서는 여전히 이런 전통적인 질서가 사회를 지
배한다. 다시 말하지만 이게 옳다는 건 아니다. 다만 인도
문화가 가진 '문화의 연속성'을 이야기하기 위함이다. 인
도는 전통과 현재가 아직까지 상호작용을 하며 사회적으
로 조우하고 있다. 정말 특이한 나라다.

그런 나라에는 왜 가냐고 물으신다면
ㅣ

인도는 남한 땅의 33배쯤 된다. 인구는 12억이 넘는다.

인구 증가율이 1.4퍼센트, 하루에 4만 명이 태어난다. 약 3년 정도면 우리나라 정도의 인구가 새로 생긴다. 땅도 넓고 종교도 많고 언어도 많다. 나라가 인정한 공용어가 23개다. 자기 나라 사람들끼리 통역을 써야 하는 경우도 많다.

우리는 학교에서 기독교나 불교, 유교 같은 건 배우지만 힌두교에 대해서는 들을 기회가 없다. 세계의 이슬람교도가 15억 5000만 명인데 힌두교도가 9억 5000만이다. 그런데 놀랍게도 힌두교는 분파가 없다. 힌두교는 다신교다. 인도 사람들은 신이 3억 3000만이라고 주장한다. 사람이 온 생을 걸쳐 헤아려도 셀 수 없는 숫자다.

내가 갔던 한 작은 마을은 100호 정도가 사는 가난한 어촌이었다. 이 작은 마을에 기독교와 힌두교와 이슬람교 신자들이 같이 산다. 그런데 교회와 힌두 사원과 이슬람 사원을 따로 둘 수가 없어 마을 한가운데에 조그만 공간을 만들어놓고 힌두교와 기독교, 이슬람교 상징을 함께 그려놓았다. 그리고 매주 일요일 오전 8시부터 10시까지는 힌두교가 쓰고 12시부터 2시까지는 기독교가 쓰고 오후에는 이슬람이 쓴다. 한국 사람들이 꼭 봤으면 하는 곳이다. 한국 사회에선 사람들이 많이 싸우고 늘 화낼 준비가 되어 있다. 여행을 통해 이런 세상도 보면서 우리 자신을 좀 떨어져서 바라보는 관점을 가져보면 좋을 것 같다.

유럽이나 인도 등 국경을 넘어본 사람들은 느끼겠지만 국가와 국가 간의 국경은 별것 아니다. 막상 국경을 넘으면 정말 우습다. 정말 줄이 하나 딱 있기 때문이다. 그냥 금을 하나 그어놨을 뿐인데, 그 금을 넘어가면 다른 나라, 다른 민족이 나타난다. 다른 말을 하고, 다른 돈을 쓰고 산다.

우리는 다른 나라 사람들이 일상으로 겪는 일들을 겪어 보지 못했다. 3면은 바다고 북쪽은 막혀 있으니까 실질적으로 한반도는 섬이다. 단일 민족, 단일 언어에 대한 신화들을 가지고 사람들을 섬에 가둬놓다 보니 국제적인 감각을 키울 기회들이 없었다.

해외를 나간다고 해도 그곳을 멋지게 여행할 좋은 매뉴얼이 별로 없다. 한글로 된 해외여행 자료가 얼마나 적냐 하면, 내가 인도 여행 책을 처음 쓰면서 인도 역사를 정리하려는데 참고할 만한 책이 없는 것이었다. 그래서 외국 책을 읽을 수밖에 없었다. 그 나라에 가서 무언가 몸소 보고 그 지역에 있는 텍스트를 보지 않으면 파악할 수 없다.

신문만 하더라도 태국의 〈방콕포스트〉는 전체 8면 가운데 국제면이 2면이다. 우리나라는 〈조선일보〉처럼 발행 면수가 많은 신문조차 국제면에 2면을 할애하는 경우가 거의 없다. 해외 소식을 들을 수 있는 통로 자체가 잘 마련되어 있지 않다. 있다 하더라도 미국이나 일본, 유럽 정도다. 인도와 관련된 뉴스들을 생각해보라. 매번 성폭행이 일어난다는 뉴스밖에 나오지 않는다. 이 나라는 성폭행밖에 안 일어나나 싶을 정도로. 우리나라 언론들도 그냥 조회 수나 올리려고 그런 뉴스들만 계속 생산해내는 것이다. 그러면서 우리는 제3세계나 개발도상국에 대해 계속 오해만 하고 있다. 만약 부모님께 "나 인도 갈래요"라고 말하면 어떤 부모님이든 이렇게 말할 것이다. "아니, 그런 배울 것도 없는 나라에 왜 가느냐." 우리가 바라보는 세계란 대부분 그런 것이다. 배울 게 있어야 가는.

여행작가의 삶

I

여행을 하다 보면 소위 여행 '뽕'이라는 걸 먹게 된다. '나는 계속 여행을 해야 하고, 여행이 나의 삶을 구원할지도 몰라'라는 생각을 하게 되는 것이다. 한 서른까지는 가능한 삶이다. 나도 계속 여행을 하면서 먹고사는 사람이다 보니 누군가에게는 일종의 롤모델이 되기도 한다. 그래서 "나도 당신처럼 살고 싶다"는 얘기를 듣는다. 내가 서른 중반 때까지만 해도 가능하다고 말했지만 서른 중반이 넘어가니 그런 얘기를 못했다. 요새는 오히려 말린다.

내가 아는 선배 얘기를 해주겠다. 취업이 잘되던 1980년대에 서울대를 졸업하고 드물게 7급 공무원을 하던 형이다. 어느 날 그 형은 한민족의 문화유산 이동 경로가 궁금하다고 했다. 그래서 1996년에 직장을 그만두고 집 두 채를 팔아 여행을 떠나 지금까지 집에 안 들어가고 있다. 한때 이 선배가 내 롤모델이었다. 굉장히 멋져 보였다. 몇 살 어린 내게 얘기해주는 삶의 통찰도 그랬고 여행을 계속하는 삶도 여유롭고 풍요로워 보였다.

그런데 이 선배가 마흔이 되고 내가 서른셋이 되던 어느 날, 인도 뉴델리에서 만나 같이 술을 마시다 울기 시작했다. 나이를 먹는 것, 이 삶이 지속될 수 없을 것에 대한 불안함을 그도 갖고 있었던 것이다. 충격적이었다. 사실 불가능한 삶이었다. 그저 애써 무시하고 있었던 거다. 여행을 계속하는 삶이 가능하다고 믿는 것은 일단 젊기 때문이다. 그리고 여행이 한국에서의 힘든 모든 것을 보상해준다고 믿기 때문이다. 그런데 문제는 그 삶이 지속되지 않는다는 것이다. 오히려 여행을 많이 한 사람들의 삶이 그다지 좋지 않다.

계속해서 여행작가에 대한 이야기를 해보겠다. 여행자와 여행작가의 삶은 많이 다르다. 인도 뉴델리역 앞에 있는 빠하르간즈라는 곳은 숙소만 600개 정도 밀집된 골목이다. 여행을 잘하는 사람은 그중에 본인이 잘 가는 대여섯 군데만 알아도 되지만 책을 쓰려면 이걸 제대로 추려내야 한다.

600개를 전부 가볼 수는 없으니까 기준을 정하고, 그 기준으로 100개를 추려내야 한다. 이 100개를 가지고 취재를 하는 것이다. 그리고 거기서 다시 25~30개를 추려낸다. 여행을 잘하는 나와 책을 쓰는 나의 모습은 완전히 다른 것이다.

요즘은 블로그를 운영하는 게 유행이고 자기 이름으로 책을 한번 내보는 게 인생의 버킷리스트인 사람도 많다. 그중 특히 여행 분야가 각광받고 있고. 그래서인지 이쪽 일에 관심을 가지는 사람이 많다. 그런 사람들을 위해 조언하자면, 책을 출판하는 것은 이런 구조다.

그 책을 판매한 가격의 10퍼센트 정도를 인세로 저자에게 준다. 2만 5000원짜리 책이면 그중 2500원이 저자의 손에 떨어지는데 사실 이것도 꽤 괜찮은 출판사들이나 그렇고 가이드북 쪽에서 그다지 사정이 좋지 않은 출판사들의 경우 인세가 6퍼센트부터 시작한다. 1쇄를 보통 2000부 정도 찍는다. 인세가 10퍼센트인 1만 5000원짜리 책이면 150만 원이 1000권에 대한 인세다. 2000부를 찍으면 나에게 떨어지는 돈은 300만 원인 셈이다.

많이 모르는 것이 하나 더 있는데, 취재비는 자비다. 대부분 잘 모른다. 여행작가가 남의 돈으로 여행한다고 생각하는데, 전혀 그렇지 않다. 내가 내 돈으로 취재한다. 취재하는 동안에도 비용이 들고, 원고를 쓰는 동안에도 생활비가

든다. 비용을 회수할 수 있는 작가는 거의 없다. 책을 내서 전적으로 지속 가능한 삶을 유지하는 건 불가능에 가깝다.

그런데 출판사들은 이렇게 꼬일 것이다. "어쨌든 널 작가로 만들어줄게." 출판사들은 왜 그렇게 얘기할까? 요즘 출판 시장이 엄청나게 불황이다. 하지만 여행 가이드북은 어쨌든 '최신 개정판'이라는 이름을 달고 나오면 아무리 내용이 형편없어도 1쇄는 팔린다. 출판사로서는 손익분기를 넘길 수 있으니 손해 나는 장사는 아니다.

하지만 작가는 그 책을 내기 위해 취재할 때 쓴 비용, 책을 쓰면서 소비한 생활비, 개정을 위해 다시 취재비를 마련해야 한다. 3000부쯤 책을 팔아서는 지속적인 투자는커녕 생계를 걱정해야 한다.

그러다 보니 가이드북이 생명력이 없고 지속 가능하지 않게 된다. 가이드북의 절반 이상은 정말 블로그만도 못하다. 책을 내는 게 출판사에는 이로운 일이지만, 기념품으로 책을 낼 게 아니라면 개인이 작가로서 살아남기란 무척 힘들고 혹독하다. 괜히 나무만 죽이는 일이 될 수도 있다. 혹시나 이쪽 일에 관심이 있다면 일단 한 2000만 원은 주머니에 넣고 시작해야 한다. 아니면 버티지 못한다. 돈 없이 시작할 수 있는 일이 결코 아니다. 나는 그래도 틈새를 잘 찾았고 운 좋게 살아남았지만, 그냥 한번 해볼까 정도의 마음을 가지고는 힘들다. 일반적으로 취업하는 것에 비해 삶의 질은 낮다. 내가 얼굴은 편해 보이는데, 풍요를 포기했기 때문에 편해 보이는 것일 수도 있다. 물론 나를 괴롭히는 상사는 없다. 글쎄, 그래서 편해 보이는지도 모르겠다.

여행? 아는 만큼 보인다

'아는 만큼 보인다'라는 말이 있다. 여행이 정말 그렇다. 공부를 많이 하면, 많이 보인다. 몇 가지 예를 들어보자. 혹시 홍콩에 여행 가서 주말에 필리핀 사람들이 길에서 밥 먹고 노는 것을 본 적이 있는가? 홍콩에 가면 필리핀 사람들이 주말에 거리를 점거한 채 종이상자로 칸막이를 만들어 놓고 노는 풍경을 볼 수 있다. 이들은 노숙자가 아니다. 대부분의 사람은 그냥 하나의 풍경이라고 생각한다.

홍콩은 부동산 가격이 굉장히 비싸다. 우리나라 기준으로 24평 정도 되는 아파트가 30억이 넘는다. 말이 안 되는 가격이다. 직장인이 월급을 모아 살 수 있는 구조가 아니다. 그러다 보니 무조건 맞벌이를 해야 한다. 그런데 맞벌이를 할 경우 아이를 볼 사람이 없다. 홍콩 같은 경우는 유치원도 모두 사설이어서 원비가 어마어마하게 비싸다. 그래서 필리핀 보모를 들인다. 베이비시터와 가정부 역할을 같이하는 것이다. 보통 15평짜리 아파트가 일반적으로 세 식구가 사는 집이다. 집이 좁다 보니 필리핀 가사 노동자들이 붙박이장 같은 곳에 조그맣게 사람 한 명 누울 수 있는 공간에서 잔다. 영화 〈아가씨〉에서 숙희가 자던 공간 같은.

필리핀 노동자들은 홍콩 노동법에 따라 주 5일 근무를 한다. 그런데 이 사람들이 주말 동안 집에 있으면 집이 좁기도 한데다 가족들이 본의 아니게 또 일을 시키게 된다. 이 경우 가사 노동자들이 관청에 신고하면 집주인이 처벌을 받을 수도 있다. 모든 문제는 누군가의 악용에서 시작된다. 홍콩 사람들은 주말이 되면 필리핀 가사 노동자들을 그냥 밖으로 내보내버린다. 그러니까 주말에는 집에 오면 안 되는 것이다. 쫓아내는 것이다. 지금 홍콩에는 가사 노동으로 생계를 유지하는 필리핀 노동자들만 40만 명 정도가 있다. 이 사람들이 주말만 되면 모두 길거리에 나와 있는 이유다. 모르면 안 보이는 풍경인 셈이다.

오키나와는 휴양지 이미지다. 아름다운 바다와 산호가 있는 곳이기도 하다. 그런데 사실 오키나와는 2차 대전 당시 일본에서 유일하게 지상전이 벌어진 곳이다. 당시 연합국의 계획은 오키나와를 거쳐 일본 본토로 들어가는 것이고, 일본군은 오키나와에서 최대한 미군을 괴롭혀서 못 들어오게 하는 작전을 세웠다. 그래서 오키나와 전역에 참호를 건설하고 주민을 강제 동원해 인간 방패로 삼았다. 미군이 진입하고 두 달간 오키나와 전투가 벌어지는데, 이때 오키나와 인구의 3분의 1이 죽었다. 그래서 지금도 4~6월이면 오키나와의 거의 모든 집이 제사를 지낸다.

당시에 어느 정도의 일이 있었냐 하면, 일본군은 오키나와 사람들에게 미군한테 투항하면 남자는 탱크로 깔아 죽이고 여자는 성폭행한 다음 산 채로 불에 태워 죽인다고 말했다. 이 말을 수많은 사람이 믿었다. 그래서 미군이 마을로 들어오니까 방공호에 숨어 있던 오키나와 사람들은 그 고통을 겪지 않으려고 아버지가 자식의 목을 졸라 죽이고, 엄마가 딸에게 독약 주사를 놓아서 온 가족이 몰살하는 일들이 일어났다. 거짓말에 속아 집단 자살한 것이다. 이런 일이 부지기수다.

일본은 아직까지 오키나와 전쟁 중에 벌어진 마을 단위의 집단 자살 사건에 대해서는 전수조사를 하지 않았다. 지금 알려진 2700명의 집단 자살 사례는 생존자들의 증언을 토대로 시민단체들이 발굴해낸 것들이다.

오키나와는 일본 영토의 0.3퍼센트지만 일본에 있는 미군 기지의 70퍼센트를 떠안고 있다. 내부 식민지니까 가능한 일이다.

이런 얘기도 있다. 오키나와에 가면 사탕수수가 되게 흔하다. 16세기경 중국 남부를 제외한 동아시아에서 사탕수수를 재배할 수 있는 곳은 오키나와밖에 없었다. 그 자원 덕에 오키나와는 수탈을 당했다. 오키나와의 설탕이 일본에 전파되면서 설탕 값이 싸지고, 그때부터 일본 요리가 달아졌다.

그전까지 일본 요리는 달지 않고 짰다. 그러니까 간장 베이스에 설탕이 가미된 현재의 일본 요리는 전적으로 오키나와의 희생 덕분이었다. 일본은 오키나와를 철저하게 플랜테이션화시키기 위해 쌀을 재배하지 못하게 한다. 그러고는 사탕수수를 본토로 실어가고 규슈에서 나온 쌀을 오키나와 사람들이 사 먹게 했다.

오키나와에 가면 생선 요리도 먹지만 해초 같은 것도 많이 먹는다. 가장 큰 이유는 끔찍한 수탈에 오키나와 사람들이 섬을 탈출하는 일이 잦았기 때문이다. 오키나와에서 배를 타고 도망가면 해류 때문에 자연스레 중국의 광저우성이나 푸젠성으로 흘러갈 수밖에 없다. 일본은 오키나와 사람들이 자꾸 탈출하니까 항해 금지 선언을 한다. 섬에 사는 사람들에게 배를 소유하는 걸 금지했던 것이다.

항해가 금지되면 당장 어로가 불가능해진다. 섬에 사는 사람들이 배를 타고 나가 생선을 잡지 못하고 고작 해변에서 낚시질밖에 할 수 없는 상황. 쌀농사 금지, 어업 금지. 오키나와에 해초 요리가 발달한 비극적 이유인 셈이다. 일본은 심지어 오키나와 사람들의 반란을 우려해서 무기 소지를 금했다. 어떤 시기에는 무기로 전용할 수 있는 철기 자체의 소유를 제한했다.

이소룡이 쓰는 쌍절곤은 오키나와에서 유래했다. 극미량의 철로 만들 수 있는 가장 효율적인 무기를 고안해냈던 거다. 맨손 무술인 가라테가 오키나와에서 유래한 것도 같은 이유다. 수탈과 비극 속에서 사람들은 살기 위해 온갖 방법을 고안했다. 그리고 그 슬픔은 많은 여행자들에게 망각되어 있다.

오키나와에서 벌어진 그 비극적 일들이 결국 지금 오키나와의 모습을 만든 것이다. 그저 '예쁘다'라고 쓰기에 그곳의 비극은 넓고, 깊다.

오키나와 사람들의 천하태평함은 아마 지구 제일일지도 모른다. 가게를 운영하는 사람들조차 휴일이라는 팻말을 써놓는 것도 까먹고 어디론가 가버린다.

죽음이 일상이었던 사람들은 삶을 살아가는 태도 자체가 살아 있는 동안 최대한 즐기자는 마인드다.

여행자 입장에서는 가이드북을 보고 애써 찾아갔는데, 문이 닫혀 있으면 열 받는다. 일단 식당을 욕하고, 두 번째로 이따위 곳을 소개한 가이드북 작가를 욕한다. 하지만 이런 이야기를 약간이라도 알고 오키나와에 가면 그때부터는 그곳 사람들의 얼굴이 보인다.

여행지에서 현지인의 얼굴을 자세히 본 적은 별로 없을 것이다. 쇼핑센터에서 만난 점원, 식당이나 호텔에서 일하는 스태프 정도가 전부일지도 모른다.

그런 사람 말고 진짜 그곳 주민의 얼굴을 살펴보자.

그곳의 숨은 이야기를 알고 나서 보는 그들의 얼굴은 다르다. 만약 길 건너 횡단보도에서 빨간불이 녹색불로 변하길 기다리는 구부정한 어떤 할머니의 주름이 눈에 들어왔다면, 반쯤 성공한 거다. 요즘 여행은 그곳이 어딘지가 중요한 게 아니라 나를 찍는 여행이 어느새 여행의 한복판을 차지했다. 나를 보기 위한 공간은 내 방의 거울 앞이면 충분하다. 나가서 나와 같은 종의 얼굴을 보자. 그곳에 얽힌 숨은 이야기를 듣고 하늘을 바라보자. 달기만 한 오키나와의 흑당을 입에 머금고 하늘을 바라보며 그 사람들의 슬픔을 떠올려보자. 흔하디흔한 관광지의 달콤함에서 묘한 맛이 배어난다. 그게 설사 주관적인 그때의 감흥이라 해도, 그게 그 여행을 특별하게 만드는 매력이다.

내가 여행 가려는 곳에 대해 조금 더 알고, 조금 더 상상력을 발휘하면 다른 풍경이 보이고, 느낌이 전해진다.

미래와 진로에 대한 불안을 내려놓고 나를 들여다보는 시간

나의 발견

펴낸날 • 초판 1쇄 2018년 12월 19일

기   획 • 김창남
지은이 • 강일권, 권용득, 김대현, 김언경, 김의성,
　　　　　김종휘, 변상욱, 변정수, 송은주, 전명윤
펴낸곳 • 봄의정원
출판등록 • 제2013-000189호
주   소 • 03935 서울시 마포구 월드컵북로 260, 31-309(성산동)
전   화 • 02-337-5446
팩   스 • 0505-115-5446
이메일 • eunok9@hanmail.net

• 이 책은 저작권법에 따라 보호받는 저작물이므로 무단 전재와 무단 복제를 금지하며,
　이 책 내용의 전부 또는 일부를 이용하려면 반드시 저작권자와 봄의정원의 동의를 받아야 합니다.
• 잘못된 책은 바꾸어 드립니다.
• 책값은 뒤표지에 있습니다.

ISBN 979-11-87154-80-8 03300

이 도서의 국립중앙도서관 출판예정도서목록(CIP)은 서지정보유통지원시스템 홈페이지(http://seoji.nl.go.kr)와
국가자료공동목록시스템(http://www.nl.go.kr/kolisnet)에서 이용하실 수 있습니다.
(CIP제어번호: CIP2018038034)